bhv PRAXIS

Adobe Acrobat X –
PDF in der Praxis

D1729507

Winfried Seimert

bhv PRAXIS

Adobe Acrobat X –
PDF in der Praxis

Bibliografische Information Der Deutschen Nationalbibliothek

Die Deutsche Nationalbibliothek verzeichnet diese Publikation in der Deutschen Nationalbibliografie; detaillierte bibliografische Daten sind im Internet über <http://dnb.d-nb.de> abrufbar.

Bei der Herstellung des Werkes haben wir uns zukunftsbewusst für umweltverträgliche und wiederverwertbare Materialien entschieden.

Der Inhalt ist auf elementar chlorfreies Papier gedruckt.

ISBN 978-3-8266-7548-5
1. Auflage 2011

E-Mail: kundenbetreuung@hjr-verlag.de

Telefon: +49 89/2183-7928
Telefax: +49 89/2183-7620

© 2011 bhv, eine Marke der Verlagsgruppe Hüthig Jehle Rehm GmbH
Heidelberg, München, Landsberg, Frechen, Hamburg

Printed in Germany

Lektorat: Steffen Dralle
Korrektorat: Susanne Creutz
Satz: Petra Kleinwegen

Inhalt

Einleitung

Computer sind heutzutage recht weit verbreitet und Datenaustausch ist ein gängiges Geschäft. Doch noch immer scheint es Grenzen zu geben, die einen unkomplizierten Informationsaustausch hemmen. So muss sich ein Interessierter erst einmal über die verwendete Plattform (PC oder Mac, welches Anwendungsprogramm und welches Betriebssystem usw.) schlau machen und muss zudem befürchten, dass seine Dokumente von jedem Nutzer verändert werden. Ferner sind diese Dokumente im Regelfall recht groß und damit recht umständlich beim Versenden.

All diese Probleme gibt es bei den PDF-Dateien nicht. Bei PDF-Dateien handelt es sich um kompakte Dateien, die alle Informationen zu Schriftarten, Grafiken und Druck mit hoher Auflösung enthalten, die für das Anzeigen und Ausdrucken des Dokuments erforderlich sind. Das PDF-Format hat sich in den letzten Jahren als Standard für die elektronische Weitergabe von Dokumenten etabliert und ist aus vielen Bereichen gar nicht mehr wegzudenken. So ermöglicht dieses Format die Übertragung von einem Computer auf den anderen, ohne dass man auf solche Dinge wie Betriebssystem oder das Ursprungsformat Rücksicht nehmen muss.

Um schnell und einfach PDFs zu erzeugen, gibt es mittlerweile einige brauchbare, oft auch kostenlose Lösungen. Doch wenn es darum geht, Seiten umzustellen, zu bearbeiten oder zu kommentieren, Formulare zu erstellen oder die Dateien mit einem wirksamen Schutz zu versehen und für ihre Echtheit zu bürgen, dann greift man zum Klassiker Adobe Acrobat. Genau genommen handelt es sich dabei nämlich nicht um ein einzelnes Programm, sondern um eine ganze Gruppe von Programmen für die PDF-Bearbeitung. Neben dem zentralen Modul für das Erstellen und Bearbeiten von PDF-Dokumenten können diese auch kommentiert und verteilt werden.

Sind dann erst einmal die Dateien mit Adobe Acrobat konvertiert, lassen sie sich mühelos auf jedem beliebigen Rechner mit dem kostenlosen Adobe Reader anzeigen. Und genau darin liegt der entscheidende Vorteil der PDF-Dateien. Man muss keine Software erwerben, um sie zu lesen. Anschaffungskosten fallen lediglich für das Erstellen der Dateien an.

Allerdings steht Adobe Acrobat in dem Ruf, auf den ersten Blick nicht ganz einfach zu bedienen zu sein. Das mag daran liegen, dass es eben auch zahlreiche Bearbeitungsmöglichkeiten bietet und man sich ein bisschen einarbeiten muss. Dieses Praxisbuch soll Ihnen ein Wegweiser durch die gängigsten und am häufigsten benötigten Arbeitsschritte sein. Dabei wurde bewusst die für den normalen Büroalltag völlig ausreichende Standardversion gewählt. Wer nämlich keine Formulare mit Datenbankanbindung oder umfangreiche Werkzeuge für die Druckvorstufe benötigt, der ist mit dieser Version ausreichend für den Büroalltag gerüstet.

Konzeption des Buches

Sie werden zunächst sehen, welche Unterschiede zwischen dem kostenpflichtigen Acrobat und dem kostenfreien Reader bestehen. Danach erfahren Sie, wie man durch die vielen PDF-Dateien navigiert und mühelos die Informationen zu Papier bringen kann. Natürlich lernen Sie auch, wie man bestimmte Informationen in größeren PDF-Dateien findet und wie man aus PDF-Dateien Informationen für andere Anwendungen entnimmt.

Sie werden sehen, wie man PDF-Dateien erzeugt, und zwar ganz gleich, ob es sich dabei um eine einzelne Datei handelt, Sie eine Sammlung aus verschiedenen Dateien erzeugen, diese mit dem Scanner erfassen, sie direkt in Acrobat erzeugen oder aus anderen Programmen erstellen.

Danach werden Sie sehen, wie man die Seiten fertiger PDF-Dateien bearbeiten kann. Zudem werden Sie die Inhalte bearbeiten und diese auch mit Lesezeichen und Verknüpfungen zur besseren Auffindbarkeit versehen. Zudem erfahren Sie, wie man sich mithilfe von Kommentaren mit anderen Lesern der Informationen austauschen kann.

Schließlich sehen Sie, wie man eine vorhandene Formulardatei oder ein x-beliebiges Formular auf Papier in ein PDF-Formular umwandeln kann.

Zum Schluss lernen Sie, wie man ein PDF mit einem Kennwort zum Öffnen (und mehr) versieht und wie man seine Urheberschaft daran ausweisen und die Informationen problemlos über das Internet anderen zur Verfügung stellen kann.

1 ▸ Basiswissen

Ziele

⇨ Ein Verständnis für die PDF-Technologie entwickeln

⇨ Den Unterschied zwischen dem Adobe Reader und Adobe Acrobat erfahren

⇨ Sicheres Bewegen innerhalb eines PDF-Dokuments

⇨ Finden von bestimmten Textstellen

⇨ Inhalt für andere Anwendungen übernehmen

⇨ Informationen zu Papier bringen

Schritte zum Erfolg

⇨ Wissenswertes über die PDF-Technologie erfahren

⇨ Den Adobe Reader kennenlernen

⇨ Die wichtigsten Funktionen von Adobe Acrobat erkunden

⇨ In einem PDF-Dokument geschickt navigieren

⇨ Die Funktionsweise der Suche ausprobieren

⇨ Texte und Bilder für andere Anwendungen extrahieren

⇨ Ausdrucken der PDF-Dateien

Die PDF-Technologie hat den Büroalltag vereinfacht und revolutioniert. Musste man früher darauf achten, dass die Dateien für den Empfänger auch das richtige Format hatten und dieser auch das entsprechende Programm besaß, hat man es heute leichter.

PDF-Technologie

PDF-Dateien können von einem Computer auf den anderen übertragen werden, ohne dass dabei Informationen verloren gehen und ohne dass man dabei auf das Ursprungsformat achten muss.

Möchten Sie beispielsweise ein Word- oder Excel-Dokument anderen Menschen zur Verfügung stellen, dann müssen diese normalerweise über die genau gleiche Softwareausstattung wie Sie verfügen. Ist das nicht der Fall, können bereits Probleme beim Öffnen auftreten und Ihr Gegenüber kann die Informationen im schlimmsten Fall nicht mal lesen.

An dieser Stelle kommt *Adobe Acrobat* ins Spiel. Mithilfe dieses Programms werden die betreffenden Dateien in das PDF-Format umgewandelt, man spricht von *Konvertieren*. Die so erzeugten Dateien können dann auf jeder Plattform angezeigt werden, sofern dort der kostenlose *Adobe Reader* installiert wurde.

Adobe Reader

Der Adobe Reader ist mittlerweile das Standardprogramm für Anzeige, Druck und Kommentierung von PDF-Dokumenten und ermöglicht die Anzeige und Interaktion mit jeder Art von PDF-basiertem Inhalt, einschließlich Formularen und Multimedia-Dateien.

Installation

Während Acrobat erworben werden muss, ist der Adobe Reader kostenlos und oft schon auf einem neuen Rechner installiert.

Die Installation des Adobe Reader ist auch für Besitzer von Acrobat X Standard sinnvoll. Zwar bietet das Programm alle Bestandteile des Adobe Reader und sieht auch fast so aus. Es ist jedoch oft hilfreich, fertige PDFs im Reader zu testen und ferner kann man dann bei Rückfragen darauf zugreifen, wenn der Betreffende nicht über Acrobat verfügt.

Ist der Reader nicht bereits installiert, dann kann das problemlos nachgeholt werden.

Die neueste Version des Adobe Reader finden Sie stets auf der Adobe Homepage (*www.adobe.de*).

Abb. 1.1: Den Reader von der Adobe Homepage herunterladen

Zunächst müssen Sie lediglich auf die Adobe Homepage wechseln. Dort angekommen, suchen Sie die Schaltfläche zum Download und klicken darauf.

Dadurch gelangt man auf die eigentliche Download-Seite, die Ihnen nähere Informationen zur aktuellen Version, zu den Systemanforderungen und zum gewünschten Betriebssystem bietet. Letzteres wurde von der Website automatisch ermittelt, sodass Sie stets die richtige Version erhalten (sollten).

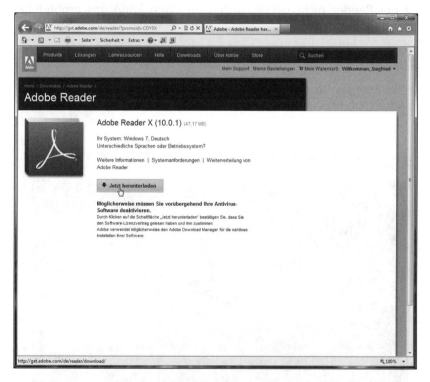

Abb. 1.2: Den Download-Vorgang starten

Stimmt alles, dann klicken Sie auf die Schaltfläche *Jetzt herunterladen*.

Sie erhalten augenblicklich den Hinweis, dass der Download automatisch startet. Sollte das nicht der Fall sein, bietet man Ihnen einen Hyperlink (*klicken Sie hier*) an, den Sie einfach anklicken müssen.

Abb. 1.3: Hier muss man ein bisschen nachhelfen

Je nach vorhandenem Browser erhalten Sie nun die Frage, ob Sie die Datei nun gleich ausführen oder speichern wollen.

Um nicht zu viel Zeit zu verlieren, entscheiden Sie sich für das *Ausführen* und klicken auf die entsprechende Schaltfläche.

Abb. 1.4: Gleich loslegen

Daraufhin erfolgt eine Sicherheitsprüfung und der Installationsvorgang beginnt. Wenn dieser abgeschlossen ist, erhalten Sie ein entsprechendes Bestätigungsfenster, das Sie einfach mit einem Klick auf *Fertigstellen* schließen.

Der Adobe Reader ist nun auf Ihrem System installiert und kann gleich verwendet werden.

Arbeitsoberfläche

Beim Installationsvorgang wurde ein Symbol auf Ihrem Desktop abgelegt.

Klicken Sie doppelt darauf, um das Programm gleich einmal zu starten und sich mit den wichtigsten Elementen vertraut zu machen.

Abb. 1.5: Den Adobe Reader starten

TIPP

Das Programm kann man natürlich auch wie üblich über die *Start*-Schaltfläche und Anwählen des Symbols im Bereich *Alle Programme* starten.

Bei ersten Mal erscheint der Lizenzvertrag. Lesen Sie sich diesen durch und wenn Sie einverstanden sind, bestätigen Sie ihn.

Danach baut sich das Programmfenster auf und präsentiert sich Ihnen in voller Pracht.

Um die volle Funktion des Programms einmal zu erfassen, klicken Sie auf die Schaltfläche *Öffnen* und laden eine beliebige PDF-Datei.

TIPP

Wenn Ihnen im Moment keine PDF-Datei zur Verfügung steht, dann können Sie auch die Hilfe verwenden. Dazu rufen Sie die Menüfolge *Hilfe / Adobe Reader X Hilfe* auf und laden sich die Datei *Hilfe-PDF anzeigen* herunter. Durch diesen Aufruf öffnet sich die Hilfedatei in Ihrem Browser. Den erforderlichen Link dazu finden Sie im Hilfefenster am oberen rechten Seitenrand.

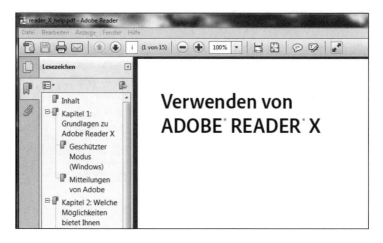

Abb. 1.6: Eine PDF-Datei im Reader

Werkzeugleiste

Prägend ist zunächst die sogenannte *Werkzeugleiste*, die Ihnen die am häufigsten verwendeten Befehle in Form von Schaltflächen zur Verfügung stellt. So finden Sie unter anderem eine Schaltfläche zum *Datei drucken*, zwei runde Schaltflächen, um nach unten und oben zu blättern, und Schaltflächen zum *Vergrößern* und *Verkleinern* der Ansicht.

TIPP

Die konkreten Schaltflächen können Sie wie folgt ausmachen: Halten Sie den Mauszeiger für zwei Sekunden ruhig über einer der Schaltflächen, wird Ihnen in einer kleinen QuickInfo die Bezeichnung der Schaltfläche angezeigt.

Falls die Werkzeugleiste einmal nicht sichtbar sein sollte, können Sie sie mithilfe der Taste F8 wieder einblenden.

Die Werkzeugleiste kann mit weiteren Werkzeugen belegt werden.

Dazu klicken Sie mit der rechten Maustaste auf eine freie Stelle und wählen in dem Kontextmenü das gewünschte Werkzeug aus.

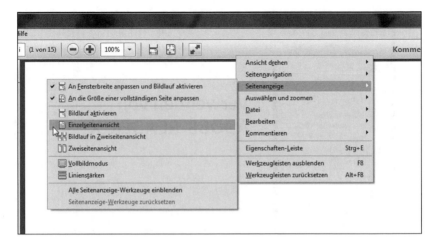

Abb. 1.7: Ein Werkzeug hinzufügen

Navigationsfenster

Auf der linken Seite befindet sich das *Navigationsfenster*, das einige Schaltfläche enthält.

Standardmäßig ist zunächst die Ansicht *Lesezeichen* aktiviert, mit der Sie sich rasch zu vordefinierten Stellen im Dokument bewegen können. Dazu müssen Sie einfach auf den betreffenden Link klicken und schon wird die entsprechende Stelle im zentralen Dokumentenbereich angezeigt.

Mit der darüber liegenden Schaltfläche schalten Sie in die Ansicht *Seitenminiaturen* um. Danach werden Ihnen die Seiten in verkleinerter Form angezeigt und Sie können einfach bestimmte Seiten durch Anklicken der entsprechenden Miniatur aufrufen (siehe Abbildung 1.8).

Unterhalb der Schaltfläche *Lesezeichen* befindet sich die Schaltfläche *Anlagen*, die man schön an der Büroklammer erkennen kann. Wenn Sie diese anklicken, wird in die Ansicht *Anlagen* umgeschaltet, in der Sie die gegebenenfalls vorhandenen Dateianlagen betrachten können.

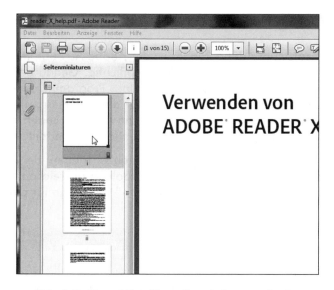

Abb. 1.8: Eine Seite über die Miniatur aufrufen

Wenn Sie gemütlich in einer PDF-Datei lesen, wird vielleicht des Öfteren der Navigationsbereich stören.

In diesem Fall falten Sie ihn einfach mit einem Klick auf die kleine Schaltfläche oder durch Betätigen der Taste F4 zusammen.

Abb. 1.9: Das Navigationsfenster verkleinern

Ein erneuter Klick auf die entsprechende Schaltfläche oder das Betätigen von F4 entfaltet ihn wieder auf die ursprüngliche Größe.

Adobe Acrobat

Im Gegensatz zum Adobe Reader ist der Adobe Acrobat, im Folgenden nur noch Acrobat genannt, kostenpflichtig. Genau genommen handelt es sich dabei nicht um ein einzelnes Programm, sondern um eine ganze Gruppe von Programmen für die PDF-Bearbeitung. Neben dem zentralen Modul für das Erstellen und Bearbeiten von PDF-Dokumenten können diese auch kommentiert und verteilt werden.

Das Programmpaket wird in zwei Varianten vertrieben: der Basisversion *Acrobat X Standard*, die für den Büroalltag ausreichend ist, und als *Acrobat X Pro*, die beispielsweise auch Werkzeuge für die Druckvorstufe enthält.

WEB

Wenn Sie wissen wollen, welche Variante für Sie die richtige ist, dann finden Sie unter *http://www.adobe.com/de/products/acrobat/matrix.html* einen entsprechenden Vergleich.

Installation

Die Installation des Programms verläuft unspektakulär. Legen Sie einfach die CD mit dem Programm in Ihr Laufwerk und folgen Sie den Anweisungen.

Zunächst wählen Sie die Sprache aus und bestätigen mit OK.

Nachdem die Installation vorbereitet wurde, erhalten Sie den Startbildschirm, den Sie zur Kenntnis nehmen, und klicken auf *Weiter*.

Danach müssen Sie Ihren Namen und die Seriennummer, die Sie auf der Diskhülle finden, eintragen und abermals mit *Weiter* bestätigen.

Im Folgenden werden Sie auf die Lizenzaktivierung und deren Auswirkungen hingewiesen. Wenn Sie damit einverstanden sind, gelangen Sie mit *Weiter* ins nächste Fenster.

An dieser Stelle müssen Sie sich für einen Setuptyp entscheiden. Belassen Sie es ruhig bei der Vorgabe *Standard*, wenn Sie ein nicht so versierter Anwender sind. Möchten Sie sichergehen und alle Be-standteile des Programms erhalten, dann sollen Sie sich für *Vollstän-dig* entscheiden. Möchten Sie dagegen Einfluss auf die Installation nehmen, dann aktivieren Sie die Option *Angepasst*. In diesem Fall können Sie nach einem Klick auf *Weiter* Einfluss auf die gewünschten Funktionen nehmen. Um zu erfahren, welches Modul interessant ist und welches nicht, klicken Sie einmal mit der Maus darauf und ent-nehmen die entsprechenden Informationen auf der rechten Seite.

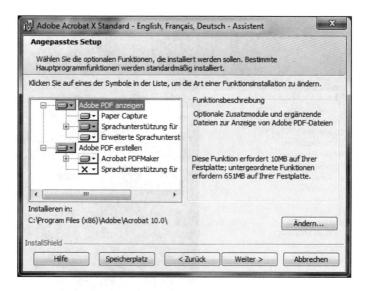

Abb. 1.10: Die gewünschten Module auswählen

Auch hier geht es mit einem Klick auf *Weiter* ins nächste Fenster.

Danach hat Acrobat alles, um das Programm zu installieren, und wartet nun nur noch auf Ihren Klick auf *Installieren*. Wenn Sie dem nachkommen, werden die Daten kopiert und Sie müssen sich noch ein bisschen gedulden.

Ist alles erledigt, erhalten Sie ein entsprechendes Hinweisfenster und Sie können mit einem letzten Klick auf *Fertigstellen* die Installation abschließen.

Arbeitsoberfläche

Die Arbeitsoberfläche gleicht der des Adobe Reader, weist jedoch einige weitere Bestandteile auf. Das ist auch nicht verwunderlich, denn mit diesem Programm können Sie eigene PDF-Dateien erstellen.

Der Acrobat wird auf die gleiche Weise wie der Reader gestartet: Sie klicken entweder auf das Desktop-Symbol oder auf das Symbol im *Start*-Menü.

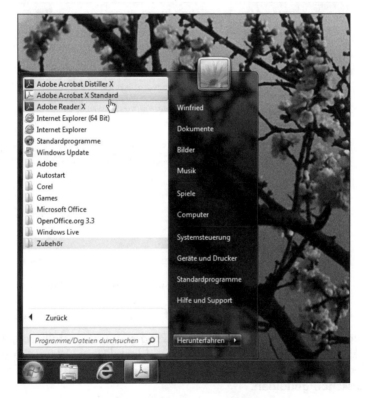

Abb. 1.11: Acrobat starten

Auch hier baut sich das Programm auf und präsentiert Ihnen einen kleinen Startbildschirm.

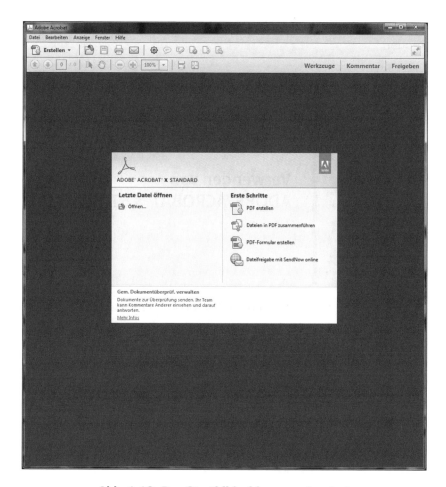

Abb. 1.12: Der Startbildschirm von Acrobat

Klicken Sie auch hier auf die Schaltfläche *Öffnen* und wählen Sie eine PDF-Datei zum Betrachten aus.

 TIPP

Sie können auch hier wieder auf die PDF-Datei der Hilfe zurückgreifen, wenn Sie gerade keine andere Datei zur Hand haben.

Der Acrobat verfügt über annähernd den gleichen Aufbau wie der Reader.

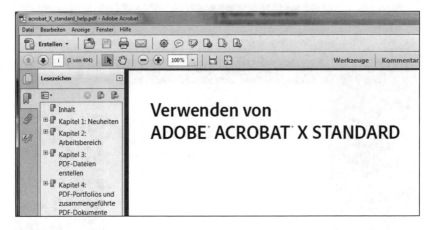

Abb. 1.13: Eine PDF-Datei im Acrobat

Werkzeugleisten

Die Werkzeugleisten unterhalb des Menüs stellen Ihnen die unterschiedlichen Varianten für das *Erstellen* der PDF-Dateien sowie Werkzeuge zum Bearbeiten zur Verfügung. Anders als beim Reader sind die Werkzeuge auf zwei Leisten verteilt.

Weitere Werkzeuge können Sie nach einem rechten Mausklick auf die Leiste aus dem Kontextmenü einbinden.

Navigationsfenster

Im Navigationsfenster findet sich eine zusätzliche Schaltfläche zum Aufruf des Bereichs *Unterschriften*, in dem Sie die dem Dokument hinzugefügten Unterschriften überprüfen können.

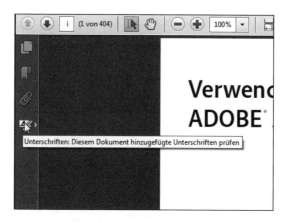

Abb. 1.14: Das eingeblendete Navigationsfenster in Acrobat

Navigation

Je umfangreicher ein geöffnetes PDF-Dokument ist, desto mehr werden Sie die folgenden Navigationsfunktionen benötigen und einsetzen.

Zoomen

Zum Vergrößern oder Verkleinern der Ansicht stehen Ihnen einige Werkzeuge zur Verfügung.

Möchten Sie eine bestimmte Vergrößerungsstufe anwählen, dann können Sie die Ansichtsgröße über das Listenfeld *Zoom* der Werkzeugleiste festlegen (siehe Abbildung 1.15).

Schneller lässt sich die Ansichtsgröße durch einen Klick auf die Schaltflächen mit dem Plus- oder Minuszeichen erhöhen oder verringern. Möchten Sie dazu die Tastatur verwenden, dann betätigen Sie Strg + + sowie Strg + -.

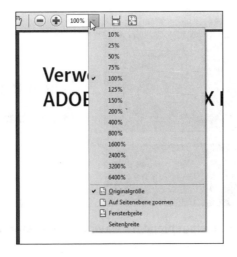

Abb. 1.15: Die gängigen Zoom-Optionen

Weitere interessante Möglichkeiten finden Sie im Untermenü *Zoom* des Menüs *Anzeige*.

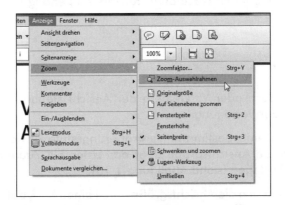

Abb. 1.16: Zugriff auf weitere interessante Zoom-Möglichkeiten

Sehr praktisch ist in diesem Zusammenhang, dass Sie hier die wichtigsten Tastenkombinationen für die Zoomstufen entnehmen können.

An dieser Stelle befindet sich auch der Aufruf des Werkzeugs *Zoom-Auswahlrahmen*.

Nachdem Sie auf die Schaltfläche geklickt haben, verwandelt sich der Mauszeiger in eine Lupe mit Plussymbol.

Mit diesem veränderten Werkzeug klicken Sie nun auf eine beliebige Stelle, die dann um 25% vergrößert dargestellt wird. Auf diese Weise können Sie Klick bei Klick die entsprechende Stelle heranzoomen.

Abb. 1.17: Pro Klick um 25% vergrößern

Alternativ können Sie aber auch einen Ausschnitt vergrößern, indem Sie mit gedrückter Maustaste über dieser Stelle einen Auswahlrahmen ziehen.

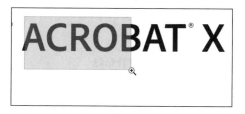

Abb. 1.18: Einen Bereich vergrößern

Wenn Sie die Maustaste loslassen, wird der blau hinterlegte Bereich sofort auf Fenstergröße herausgezoomt.

Möchten Sie wieder hineinzoomen, dann halten Sie die ⌨Strg-Taste gedrückt. Dadurch wir in der Lupe ein Minuszeichen eingeblendet und Sie können auf die beschriebene Weise die Ansicht nun verkleinern.

Drücken Sie dagegen die ⇧-Taste, schaltet Acrobat auf den dynamischen Zoom um.

Wie Sie bemerken, nimmt der Mauszeiger eine neue Form an. Nun werden innerhalb der Lupe das Plus- und das Minuszeichen angezeigt und außerhalb befinden sich zwei Richtungspfeile nach oben und unten.

Mit diesem Werkzeug können Sie nun die Zoomstufe durch einfaches Ziehen mit der Maus in die entsprechende Richtung festlegen.

Abb. 1.19: Der dynamische Zoom in Aktion

Ziehen Sie dabei nach oben, wird der Ausschnitt vergrößert; ziehen Sie dagegen nach unten, wird er verkleinert. Je schneller Sie dabei ziehen, desto schneller werden die Anpassungen dabei durchgeführt.

Schwenken und Zoomen

In größeren Dokumenten bietet es sich an, die Funktion *Schwenken und zoomen*, die Sie über das Menü *Anzeige* aufrufen können, zu verwenden.

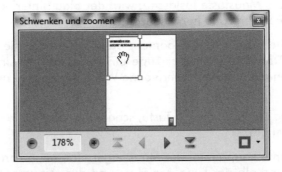

Abb. 1.20: Schnell durch ein Dokument bewegen

Sie erhalten ein kleines Fenster, das Ihnen die gesamte Seite mit einem kleinen roten Auswahlrahmen anzeigt.

Wenn Sie den Mauszeiger innerhalb des Rahmens platzieren, können Sie diesen nun mit gedrückter Maustaste an eine andere Stelle verschieben. Im Hintergrund wird augenblicklich dieser Ausschnitt angezeigt.

Ist der Rahmen zu groß, kann er über die vier kleinen quadratischen Anfasser angepasst werden.

Über die Schaltflächen am unteren Rand können Sie schnell und bequem durch das gesamte Dokument navigieren. Mit der ersten Schaltfläche rechts neben dem Pluszeichen springen Sie dabei an den Anfang des Dokuments, die Pfeile nach links und rechts führen jeweils auf die vorherige bzw. nächste Seite und ein Klick auf die letzte Schaltfläche bringt Sie an das Ende des Dokuments.

Eng mit der Funktion *Schwenken und zoomen* verwandt ist das *Lupen-Werkzeug*.

Nach dessen Aufruf erhalten Sie ein frei platzierbares Fenster, in dem ein beliebig skalierbarer Ausschnitt vergrößert angezeigt wird. Innerhalb des PDF-Dokuments wird Ihnen dieser Abschnitt durch einen blauen, skalierbaren Rahmen angezeigt.

Abb. 1.21: Das Lupen-Werkzeug

Recht intuitiv können Sie sich schließlich noch durch ein Dokument mit dem Handwerkzeug bewegen. Nachdem Sie auf die Schaltfläche *Klicken zum Schwenken des Dokuments* geklickt haben, nimmt der Mauszeiger die Form einer Hand an.

Bewegen Sie diese an die Stelle, an der Sie beginnen wollen. Wenn Sie nun die linke Maustaste drücken, können Sie mit gedrückter Maustaste den Ausschnitt beliebig verschieben. Als Rückmeldung, dass Sie die Funktion verwenden, wird der Mauszeiger nun als greifende Hand angezeigt.

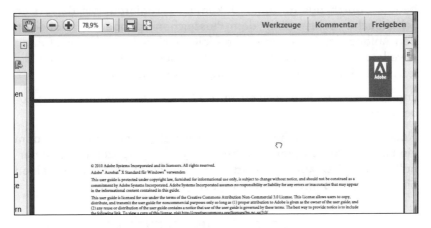

Abb. 1.22: Intuitiv bewegen

Seitennavigation

Kennen Sie die Seitenzahl der gesuchten Seite, dann können Sie diese sehr schnell anwählen.

In diesem Fall tragen Sie einfach die Seitenzahl in die Seitenangabe der Werkzeugleiste ein und bestätigen mit ⏎ .

Sie können aber auch durch ein Dokument blättern. Dazu müssen Sie lediglich auf die Schaltfläche *Nächste Seite anzeigen* oder *Vorherige Seite anzeigen* klicken.

Abb. 1.23: Einfach die gewünschte Seitenzahl eingeben

Wie Sie gesehen haben, befinden sich am unteren Rand des Fensters *Schwenken und zoomen* weitere Schaltflächen zum Navigieren innerhalb der Seite. Wenn Sie die praktischen Schaltflächen *Erste Seite* sowie *Letzte Seite* dauerhaft zur Verfügung haben wollen, können Sie diese einblenden.

Klicken Sie dazu mit der rechten Maustaste auf eine freie Stelle der Werkzeugleiste.

Im Untermenü *Seitennavigation* finden Sie diese Schaltflächen zum direkten Anklicken.

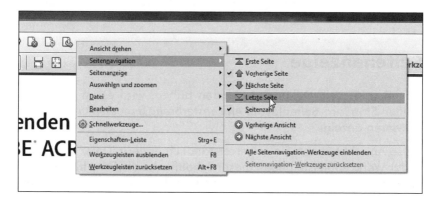

Abb. 1.24: Die Seitennavigation einblenden

Möchten Sie alle Werkzeuge ständig zur Verfügung haben, dann wählen Sie den Menüeintrag *Alle Seitennavigation-Werkzeuge einblenden*.

Diese werden Ihnen nun am Anfang der Leiste eingeblendet.

Abb. 1.25: Die ständig verfügbaren Seitennavigationsschaltflächen

Möchten Sie zu einem späteren Zeitpunkt den Urzustand wiederherstellen, dann müssen Sie lediglich den Menüpunkt *Seitennavigation-
Werkzeuge zurücksetzen* anwählen.

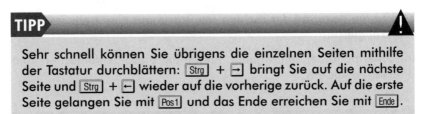

TIPP

Sehr schnell können Sie übrigens die einzelnen Seiten mithilfe
der Tastatur durchblättern: [Strg] + [→] bringt Sie auf die nächste
Seite und [Strg] + [←] wieder auf die vorherige zurück. Auf die erste
Seite gelangen Sie mit [Pos1] und das Ende erreichen Sie mit [Ende].

Seitenanzeige

Nachdem Sie ein Dokument geladen haben, wird es im voreinge-
stellten Standard-Seitenlayout *An Fensterbreite anpassen und Bildlauf
aktivieren* gezeigt.

Diese Ansicht können Sie selbstverständlich ändern. Dazu finden Sie
in der Werkzeugleiste neben dieser Schaltfläche die Schaltfläche zum
vollständigen Anzeigen der Seite entsprechend der gegenwärtigen
Fenstergröße.

Abb. 1.26: Die vollständige Seite anzeigen

Das sind aber beileibe nicht alle Möglichkeiten. Weitere können Sie einsehen, wenn Sie mit der rechten Maustaste hinter die vorhandenen Schaltflächen klicken und im Kontextmenü den Eintrag *Seitenanzeige* auswählen.

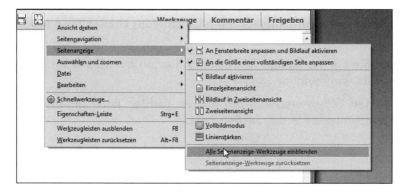

Abb. 1.27: Die Schaltflächen für die Seitenanzeige einsehen

Um eine dieser Optionen in die Werkzeugleiste aufzunehmen, klicken Sie einfach darauf. Dadurch wird sie aktiviert (was durch das Häkchen sichtbar wird) und auf der Leiste angezeigt.

Möchten Sie alle Schaltflächen dauerhaft auf der Werkzeugleiste platzieren, dann wählen Sie den Menüpunkt *Alle Seitenanzeige-Werkzeuge einblenden*.

Abb. 1.28: Jetzt sind alles Schaltflächen sichtbar

Suchen

Gerade bei längeren PDF-Dokumenten werden Sie schnell den Wunsch verspüren, das Dokument nach bestimmten Informationen zu durchsuchen. Da die Texte innerhalb eines PDFs wie gewöhnlicher Text verwaltet werden, stellt das auch kein Problem dar.

Einfache Suche

Mithilfe eines zentral angeordneten Suchfeldes können Sie ein Dokument rasch durchsuchen.

Rufen Sie die Menüfolge *Bearbeiten / Suchen* auf oder betätigen Sie die Tastenkombination Strg + F.

In beiden Fällen erscheint am oberen rechten Rand unterhalb der letzten Symbolleiste das *Suchen*-Feld.

Abb. 1.29: Das *Suchen*-Feld wartet auf Ihre Eingabe

Klicken Sie mit der Maus in das Feld *Suchen* und geben Sie den zu suchenden Begriff ein.

Betätigen Sie 🠔⏎ und augenblicklich wird die erste gefundene Stelle farbig hinterlegt (siehe Abbildung 1.30).

Die weiteren Fundstellen (sofern vorhanden) steuern Sie nun mithilfe der kleinen Pfeil-Schaltflächen an (siehe Abbildung 1.31).

Haben Sie so nach und nach alle Fundstellen aufgesucht, erhalten Sie ein kleines Hinweisfenster. In diesem erfahren Sie, dass das Dokument durchsucht wurde und keine weiteren Treffer mehr vorhanden sind.

Mit einem Klick auf *OK* schließen Sie dann die Suche ab.

Ist die Anzahl der gefundenen Stellen zu groß, können Sie die Trefferquote minimieren, indem Sie die Suchparameter einschränken.

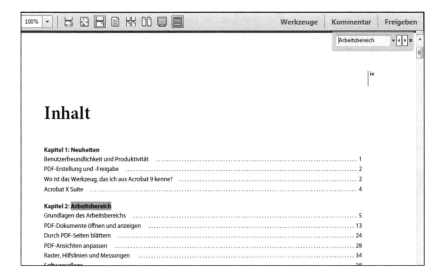

Abb. 1.30: Die erste gefundene Stelle wird farbig hinterlegt

Abb. 1.31: Die nächste Fundstelle aufsuchen

Klicken Sie dazu auf den nach unten weisenden Pfeil hinter dem *Suchen*-Feld.

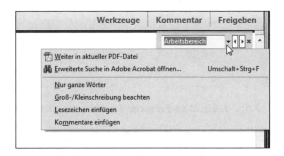

Abb. 1.32: Die Suchparameter einschränken

Sie erhalten ein Menü. Für die Suche ist es sicherlich hilfreich, wenn Sie die Option *Nur ganze Wörter* verwenden und dabei auch die *Groß-/Kleinschreibung beachten*.

Erweiterte Suche

Möchten Sie noch weitere Einschränkungen vornehmen, dann wählen Sie den Menüpunkt *Erweiterte Suche in Adobe Acrobat öffnen* an.

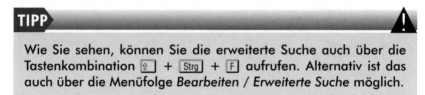

TIPP

Wie Sie sehen, können Sie die erweiterte Suche auch über die Tastenkombination ⇧ + Strg + F aufrufen. Alternativ ist das auch über die Menüfolge *Bearbeiten / Erweiterte Suche* möglich.

In allen Fällen wird ein – von Acrobat unabhängiges – Fenster mit der Bezeichnung *Erweiterte Suche* geöffnet.

Abb. 1.33: Das Fenster *Erweiterte Suche*

Mit einem Klick auf die Schaltfläche *Fenster anordnen* können Sie zunächst erreichen, dass beide Fenster nebeneinander platziert werden und sich nicht gegenseitig verdecken.

Darüber hinaus können Sie nun im Bereich *Was soll durchsucht werden?* festlegen, ob Sie die Suche auf das aktuelle Dokument beschränkt lassen wollen oder ob alle PDF-Dokumente eines bestimmten Ordners gleich mit durchsucht werden sollen. Das ist insbesondere in dem Fall praktisch, wenn Sie zwar noch den Suchbegriff kennen, nicht aber mehr die Datei, in der er sich befindet.

Wünschen Sie noch weitere Einschränkungsmöglichkeiten, dann klicken Sie auf den Link *Mehr Optionen anzeigen*, der sich ganz unten in dem Fenster *Erweiterte Suche* befindet.

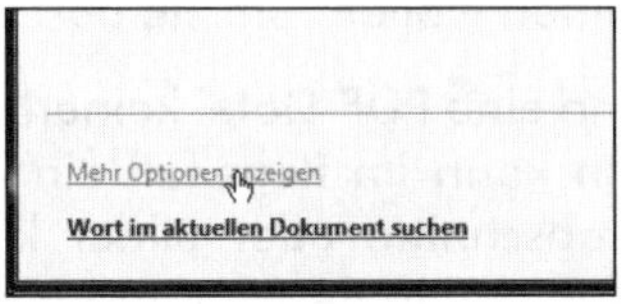

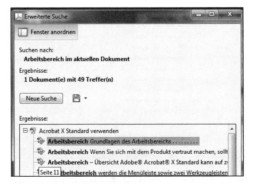

Abb. 1.34: Weitere Optionen anzeigen lassen

Danach können Sie zusätzlich die Suche auf den *Wortstamm* beschränken oder auch die *Anlagen*, *Lesezeichen* oder *Kommentare* mit einschließen. Entscheiden Sie sich für die Variante *Umgebung*, so können Sie nach Eingabe eines weiteren Suchbegriffs diesen in der unmittelbaren Umgebung des ersten Begriffs finden lassen.

Mit einem Klick auf *Suchen* wird die Suche gestartet.

Nach kurzer Zeit erhalten Sie die Anzahl der Treffer in der Übersichtsliste *Ergebnisse* präsentiert.

Um eine entsprechende Stelle aufzusuchen, zeigen Sie mit der Maus darauf und klicken einmal.

Abb. 1.35: Die Suchfunktion hat ganze Arbeit geleistet

Sofort wird im Hauptfenster die betreffende Stelle angezeigt.

Übernahme von Inhalten

Oft war die Suche nur der erste Schritt. Hat man eine bestimmte Stelle gefunden, so wird man diese oft in andere Programme übernehmen wollen, um sie dort zu bearbeiten.

Wenn eine PDF-Datei keinerlei Funktionseinschränkungen unterliegt, dann kann im Regelfall ein Anwender von Adobe Reader einzelne Textabschnitte oder Bilder kopieren und in andere Anwendungen einfügen. Ein Besitzer von Acrobat kann zusätzlich auch die gesamte PDF-Datei in ein anderes Format exportieren und dann weiter bearbeiten.

Ob solche Funktionseinschränkungen vorliegen, können Sie nach Aufruf der Menüfolge *Datei / Eigenschaften* in dem folgenden Dialogfenster der Registerkarte *Sicherheit* entnehmen.

Abb. 1.36: Diese PDF-Datei unterliegt keinen Sicherheitseinschränkungen

Texte kopieren

Um einzelne Textpassagen zu übernehmen, sollte das *Auswahlwerkzeug für Text und Bilder* aktiviert sein.

Ziehen Sie nun mit dem Mauszeiger über die Textbestandteile, die Sie kopieren wollen.

Abb. 1.37: Die Textpassage markieren

Zum Kopieren des so markierten Textes können Sie auf mehrere Möglichkeiten zugreifen: Sie klicken mit der rechten Maus in die Markierung und wählen den Kontextmenüpunkt *Kopieren*, Sie betätigen die Tastenkombination [Strg] + [C] oder Sie rufen die Menüfolge *Bearbeiten / Kopieren* auf.

Danach wechseln Sie in die Anwendung, beispielsweise Word, in die Sie die Passage kopieren wollen, und führen dort die üblichen Befehle für das Einfügen (*Bearbeiten / Einfügen*, Klicken auf ein *Einfügen*-Symbol oder Betätigen von [Strg] + [V]) aus.

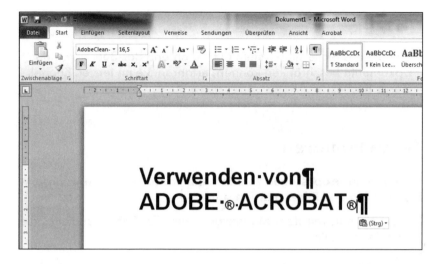

Abb. 1.38: Hier wurde der Text in Word 2010 eingefügt

Wie Sie sehen, wird die betreffende Stelle in das gewählte Programm eingefügt und kann nun mit dessen Mitteln und Möglichkeiten bearbeitet werden.

Bilder kopieren

Auf die gleiche Art und Weise können Sie auch Bilder kopieren.

Bewegen Sie den Cursor bei aktiviertem *Auswahlwerkzeug für Text und Bilder* auf die Grafik. Wenn der Mauszeiger die Form eines Fadenkreuzes annimmt, klicken Sie einmal.

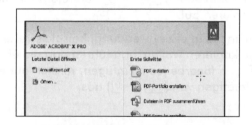

Abb. 1.39: Das Bild auswählen

Das Kopieren eines Bildes oder einer Grafik ist nur möglich, wenn sich der Mauszeiger zu einem Markierungskreuz verwandelt. Behält er die Standardpfeilform bei, dann müssen Sie das Schnappschuss-Werkzeug – wie weiter unten beschrieben – einsetzen.

Dadurch wird das Bild markiert und Sie können nun beispielsweise mit der rechten Maus daraufklicken und den Kontextmenüpunkt *Bild kopieren* anwählen. Selbstverständlich funktioniert das auch mit der üblichen Tastenkombination Strg + C.

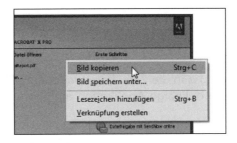

Abb. 1.40: Das Bild in die Zwischenablage kopieren

Dadurch wird das Bild in die Zwischenablage aufgenommen und Sie können es in jede beliebige Anwendung einfügen.

Alternativ können Sie aber auch die Grafik oder das Bild als eigene Datei abspeichern. In diesem Fall wählen Sie den Kontextmenüpunkt *Bild speichern unter* und speichern das Bild entweder im *.bmp-*, *.jpg-* oder *.tif-*Format ab.

Schnappschüsse

Manche Grafiken lassen sich nicht auf die zuvor gezeigte Art und Weise kopieren. In diesem Fall aktivieren Sie das Werkzeug über die Menüfolge *Bearbeiten / Schnappschuss erstellen*.

Der Cursor nimmt die Form eines Fadenkreuzes an.

Umfahren Sie mit gedrückter Maustaste die entsprechende Grafik. Wenn Sie die Maustaste loslassen, erhalten Sie ein Hinweisfenster, dass der ausgewählte Bereich nun kopiert wurde.

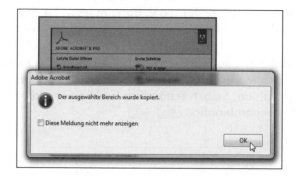

Abb. 1.41: Einen Schnappschuss machen

Da der Schnappschuss in die Zwischenablage eingefügt wurde, können Sie ihn in jede beliebige Applikation einfügen und weiter bearbeiten.

TIPP

Erfassen Sie auf diese Art und Weise Text, dann wird dieser allerdings nur in Form einer Pixelgrafik erfasst. Ein solcher Text kann nicht mit Ihrer Textbearbeitung, sondern lediglich im eng begrenzten Rahmen mit den Mitteln und Möglichkeiten einer Bildbearbeitungssoftware bearbeitet werden.

Inhalte exportieren

Eine weitere Möglichkeit, die Informationen einer PDF-Datei weiter zu verarbeiten, besteht darin, die gesamte Datei in einem anderen Format abzuspeichern.

Die entsprechenden Möglichkeiten finden Sie nach Aufruf der Menüfolge *Datei / Speichern unter*. Im Untermenü finden Sie vier gängige Möglichkeiten, die Ihnen jeweils weitere Varianten anbieten.

Möchten Sie beispielsweise die PDF-Datei mit der Textverarbeitung Microsoft Word bearbeiten, dann wählen Sie *Microsoft Word* und anschließend das entsprechende Format aus.

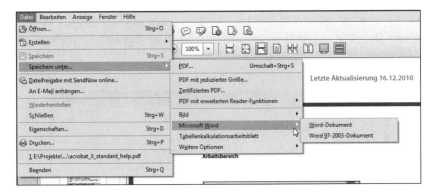

Abb. 1.42: Eine PDF-Datei in einem anderen Format speichern

TIPP

Verwenden Sie bereits Word 2007 oder höher, dann wählen Sie den Menüpunkt *Word-Dokument*. Beim Speichern einer Microsoft-Excel-Arbeitsmappe gehen Sie analog vor.

Sie erhalten das Dialogfenster *Speichern unter*, in dem Sie den Speicherort und Dateinamen angeben, und mit einem Klick auf *Speichern* schließen Sie den Vorgang ab.

Nach einer kurzen Weile – der Fortschritt wird mithilfe eines Balkens angezeigt – finden Sie im angegebenen Speicherort die entsprechende Datei.

Drucken

Viele Menschen möchten auch heute noch eine gedruckte Version eines Dokuments in den Händen halten. Mit Acrobat oder dem Reader ist das kein Problem.

In diesem Fall rufen Sie die Menüfolge *Datei / Drucken* auf oder klicken auf die Schaltfläche *Datei drucken*.

Im folgenden Dialogfenster können Sie die gewünschten Einstellungen vornehmen.

Im Bereich *Drucker* wählen Sie – sofern mehrere vorhanden sind – einen Drucker aus und legen anschließend im Bereich *Druckbereich* den gewünschten Umfang fest.

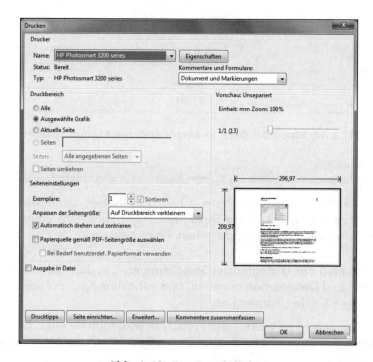

Abb. 1.43: Der Druckdialog

Im Bereich *Seiteneinstellungen* können Sie die Anzahl der *Exemplare* festlegen und diese gegebenenfalls auf den vorhandenen Druckbereich verkleinern, sodass sie auf eine ganze Seite passen.

Nachdem Sie alles wunschgemäß eingestellt haben, starten Sie den Druckvorgang mit einem Klick auf *OK*.

2 Erzeugen von PDFs

Ziele

⇨ Problemlos aus einer vorhandenen Datei oder dem Inhalt der Zwischenablage ein PDF erstellen

⇨ Ein Projekt verwalten und allen Beteiligten alle Informationen in Form einer PDF-Sammelmappe zur Verfügung stellen

⇨ Vorhandene Dokumente über einen Scanner in ein PDF umwandeln und gegebenenfalls die Texte erkennen

⇨ Informationen aus dem Internet auf Dauer archivieren

⇨ Aus unterschiedlichen Programmen heraus ein PDF erstellen

Schritte zum Erfolg

⇨ PDF-Datei über Acrobat, Windows-Explorer oder den Inhalt der Zwischenablage erstellen

⇨ Mehrere Dateien und Dateitypen in einer PDF-Sammelmappe zusammenführen

⇨ PDF-Dokumente durch Einscannen erstellen

⇨ Aus einer beliebigen Website ein PDF-Dokument erzeugen

⇨ Direkt PDFs aus gängigen Office-Programmen erstellen

Am häufigsten werden Sie sicherlich mit Acrobat eine PDF-Datei erstellen. In diesem Kapitel erfahren Sie, welche vielfältigen Möglichkeiten es dazu gibt.

PDF aus einer Datei erstellen

Am einfachsten lässt sich eine PDF-Datei aus einer schon bestehenden Datei erstellen. Dabei können Sie entweder direkt eine Datei umwandeln oder Sie verwenden den Inhalt der Zwischenablage.

PDF aus Datei

Um eine vorhandene Datei in ein PDF-Dokument umzuwandeln, müssen Sie lediglich im Startfenster auf die Schaltfläche *PDF erstellen* (Bereich *Erste Schritte*) klicken oder Sie wählen den Weg über die Schaltfläche *Erstellen* und wählen den Menüpunkt *PDF aus Datei* aus.

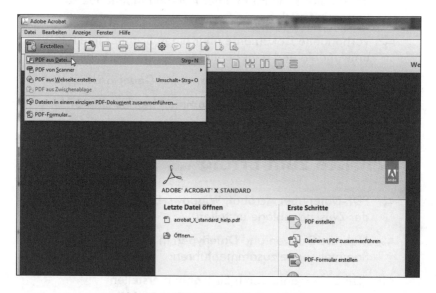

Abb. 2.1: Eine PDF-Datei erstellen

Im folgenden Dialogfenster *Öffnen* begeben Sie sich in den Speicherort der umzuwandelnden Datei.

Zunächst werden alle unterstützten Formate angezeigt. Ist die Liste zu umfangreich, dann können Sie sie einschränken. Klicken Sie dazu auf den Listenpfeil des Feldes *Dateityp*. Hier finden Sie eine Liste mit allen Formaten, die Sie konvertieren können.

Nun können Sie die Auswahl einschränken und zudem die Dateitypen erfahren, die beim Umwandeln unterstützt werden.

Abb. 2.2: Die möglichen Formate

Anschließend markieren Sie die Datei, aus der Sie eine PDF-Datei machen wollen, und klicken anschließend auf die Schaltfläche *Öffnen*.

Das Programm macht sich sofort an die Arbeit und zeigt Ihnen den aktuellen Fortschritt in einem kleinen Hinweisfenster an.

Abb. 2.3: Die Umwandlung läuft

Ist der Vorgang abgeschlossen, wird Ihnen sofort das Ergebnis in Acrobat präsentiert und Sie können die neue PDF-Datei betrachten.

Abschließend müssen Sie die Datei noch speichern. Klicken Sie auf das Symbol *Datei speichern* oder betätigen Sie [Strg] + [S].

Es öffnet sich der *Speichern unter*-Dialog.

Wie Sie dem Feld *Dateiname* entnehmen können, verwendet Acrobat den Dateinamen der Ursprungsdatei. Diesen können Sie nun entweder übernehmen oder Sie überschreiben ihn mit der neuen gewünschten Bezeichnung.

Ein Klick auf die Schaltfläche *Speichern* schließt den Vorgang ab.

Arbeiten im Explorer

Die eben gezeigte Umwandlung können Sie auch direkt im Windows-Explorer – also ohne dass Sie Acrobat starten müssen – durchführen.

Dazu müssen Sie lediglich im Speicherort auf die betreffende Datei mit der rechten Maustaste klicken und im Kontextmenü den Eintrag *In Adobe PDF konvertieren* anwählen.

Sie erhalten das Dialogfenster *Adobe PDF-Datei speichern unter*, in dem Sie noch den Speicherort ändern können.

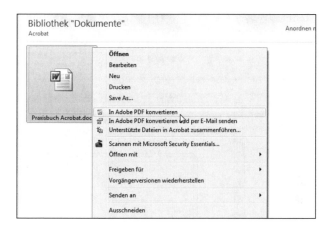

Bibliothek "Dokumente"
Acrobat   Anordnen r

Öffnen
Bearbeiten
Neu
Drucken
Save As...

In Adobe PDF konvertieren
In Adobe PDF konvertieren und per E-Mail senden
Unterstützte Dateien in Acrobat zusammenführen...

Scannen mit Microsoft Security Essentials...
Öffnen mit   ▸

Freigeben für   ▸
Vorgängerversionen wiederherstellen

Senden an   ▸

Ausschneiden

Abb. 2.4: Direkt im Windows-Explorer arbeiten

Da dies bei dem gewählten Vorgehen sehr selten der Fall ist, können
Sie gleich auf die Schaltfläche *Speichern* klicken, damit die Datei erstellt und nach Abschluss gleich in Acrobat präsentiert wird.

Inhalt der Zwischenablage

Recht einfach lässt sich der Inhalt der Zwischenablage zum Erstellen
einer PDF-Datei verwenden. Das ist insoweit praktisch, als dass hierbei keine Datei umgewandelt werden muss.

Vielmehr müssen Sie in diesem Fall zunächst in der Anwendung die
gewünschte Passage, das Bild, die Grafik oder die Objekte markieren
und dann lediglich mit Strg + C in die Zwischenablage kopieren.

TIPP ⚠

Um ein Bildschirmfoto zu machen, betätigen Sie einfach die -
Taste, um ein Fenster zu fotografieren die Tasten Alt + .

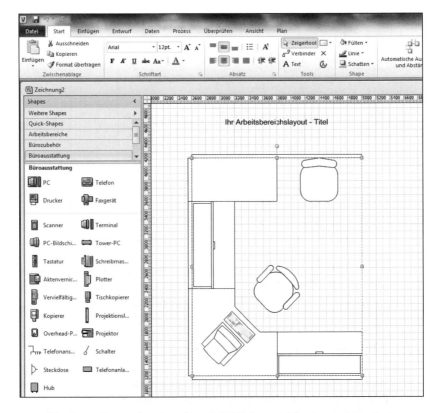

Abb. 2.5: Einen Plan in Microsoft Visio markieren und kopieren

Anschließend wechseln Sie in Acrobat und wählen die Menüfolge *Datei / Erstellen / PDF aus Zwischenablage* an.

Und schon hat Acrobat ein PDF mit den entsprechenden Inhalten erstellt.

Abschließend müssen Sie das Ergebnis nur noch abspeichern und benennen.

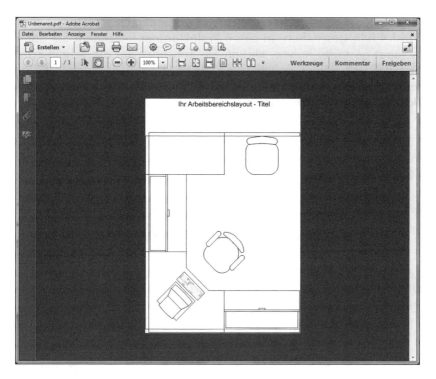

Abb. 2.6: Das fertige – noch nicht gespeicherte – PDF

Dateien zusammenführen

Wenn Sie schon einmal an einem gemeinschaftlichen Projekt gearbeitet haben, wissen Sie, dass dabei sehr viele Dateien, oft unterschiedlichen Formats, anfallen können. Beispielsweise wird für die Gestaltung Microsoft Visio eingesetzt, die Kalkulation erfolgt mit Microsoft Excel, die Notizen werden mit Microsoft OneNote erstellt, die Präsentation mit Microsoft PowerPoint und das Angebot mit Microsoft Word. Eigentlich müssten nun alle Projektteilnehmer über dieses Programme verfügen, damit man die Informationen austauschen und teilen kann. Die Lösung ist auch hier, wie so oft, eine PDF-Datei. Diese fünf Dateitypen können Sie nämlich mit Acrobat zu einem einheitlichen Gesamtpaket zusammenstellen.

Am besten kopieren Sie zunächst alle benötigten Dateien, sofern nicht schon geschehen, in einen Projektordner. Nachdem Sie dann Acrobat gestartet haben, klicken Sie entweder auf die Schaltfläche *Erstellen* und wählen den Eintrag *Dateien in einem einzigen PDF-Dokument zusammenführen* oder klicken im Startdialog auf die Schaltfläche *Dateien in PDF zusammenführen*.

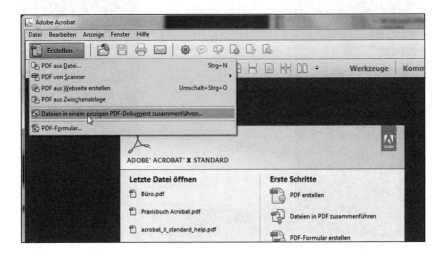

Abb. 2.7: Dateien in einem PDF zusammenführen

Sie erhalten das Dialogfenster *Dateien zusammenführen*.

Hier gilt es, die Dateien per Drag & Drop hinzuzufügen und anschließend in eine gewünschte Reihenfolge zu bringen.

Klicken Sie also auf die Schaltfläche *Dateien hinzufügen* und wählen Sie die Dateien für die Zusammenstellung aus. Dazu können Sie entweder die Dateien einzeln (dann *Dateien hinzufügen*) anklicken oder den kompletten Projektordner (dann *Ordner hinzufügen*) auswählen (siehe Abbildung 2.8).

Haben Sie sich für die erste Variante entschieden, dann können Sie im folgenden Dialogfenster *Hinzufügen* der Schaltfläche hinter dem Feld *Dateiname* die Formate entnehmen, die dabei importiert werden können.

Abb. 2.8: Die Dateien müssen zunächst zusammengeführt werden

Abb. 2.9: Die möglichen Importformate

Markieren Sie anschließend die gewünschten Dateien und klicken Sie auf die Schaltfläche *Öffnen*.

Mithilfe der Schaltflächen *Nach oben* bzw. *Nach unten* können Sie nun die Reihenfolge festlegen. Haben Sie eine Datei zu viel eingefügt, dann können Sie diese nach dem Markieren mit einem Klick auf die Schaltfläche *Entfernen* aus der Liste löschen.

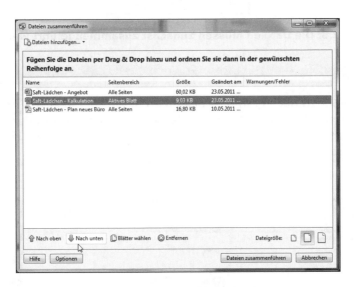

Abb. 2.10: Die Reihenfolge festlegen

Möchten Sie lediglich bestimmte Seiten aus der Datei verwenden, dann klicken Sie auf die Schaltfläche *Seiten wählen*.

Im folgenden Dialogfenster *Seitenbereichsvorschau und -auswahl* können Sie im Feld *Seiten* die gewünschten Stellen angeben. Achten Sie dabei auf die Beispielserklärung unterhalb des Feldes (siehe Abbildung 2.11).

Mit *OK* schließen Sie die Arbeiten ab.

Zurück im Dialogfenster *Dateien zusammenführen* klicken Sie zum Starten auf die gleichnamige Schaltfläche (siehe Abbildung 2.12).

Abb. 2.11: Welche Seiten hätten Sie denn gern?

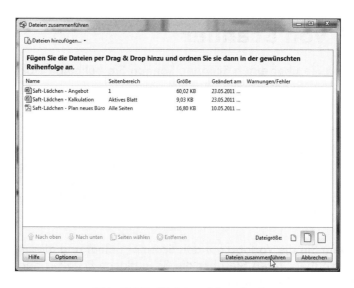

Abb. 2.12: Gleich geht es los!

Acrobat macht sich nun an die Arbeit und zeigt Ihnen den Fortschritt in einem kleinen Hinweisfenster an.

Abb. 2.13: Acrobat bei der Arbeit

Ist der Vorgang abgeschlossen, wird Ihnen die neue PDF-Datei gleich in Acrobat geöffnet und Sie können sie gleich begutachten.

Wenn Sie sie schließen, werden Sie bemerken, dass Acrobat als Dateinamen *Sammelmappe* vorschlägt.

Sie können nun diesen Namen übernehmen oder einen eigenen vergeben, bevor Sie das Dialogfenster *Speichern unter* mit *OK* schließen.

PDF von Scanner

Verfügen Sie über einen Scanner, können Sie beliebige Dokumente gleich als PDF einscannen.

Mithilfe dieser Option können Sie Ihr Datenarchiv verkleinern und verbessern. Zum einen ermöglicht die Texterkennung eine wesentlich geringere Dateigröße und zum anderen können Sie solche Dateien problemlos nach bestimmten Textpassagen durchsuchen.

Nachdem Sie die Vorlage auf den Scanner gelegt und diesen eingeschaltet haben, rufen Sie über die Schaltfläche *Erstellen* den Menüpunkt *PDF von Scanner* auf.

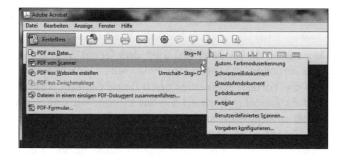

Abb. 2.14: Einen Scan in ein PDF umwandeln

Im folgenden Untermenü können Sie auf bereits fertig eingestellte Optionen zurückgreifen, die *Vorgaben konfigurieren* oder sich für das *Benutzerdefinierte Scannen* entscheiden.

Bei der letzten Variante können Sie die Parameter im Dialogfenster *Benutzerdefiniertes Scannen* auf Ihre Bedürfnisse einstellen.

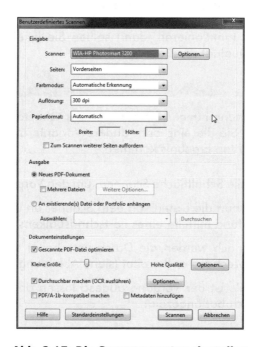

Abb. 2.15: Die Scanparameter einstellen

Zunächst gilt es, ein paar Einstellungen im Bereich *Eingabe* zu tätigen.

Wählen Sie zunächst im Feld *Scanner* das Gerät aus, mit dem Sie die Vorgabe einlesen möchten. Im Feld *Seiten* entscheiden Sie, ob Sie lediglich die *Vorderseiten* oder auch *Beide Seiten* erfassen möchten. Im Feld *Farbmodus* können Sie einstellen, ob der Scanner die Vorlage selbst analysieren soll oder ob Sie die Eingabe vornehmen wollen. Die Eingabe im Feld *Auflösung* hängt von der Vorlage ab. Handelt es sich um Farb- oder Graustufenbilder, dann ist eine Auflösung von *300 dpi* ausreichend. Möchten Sie dagegen schwarzweiße Textseiten einscannen, dann sollten Sie hier *600 dpi* wählen, damit beispielsweise die OCR (*Optical Character Recognition;* auf Deutsch Texterkennung) besser klappt.

Im Bereich *Ausgabe* legen Sie fest, ob der Scan in ein neues Dokument aufgenommen oder an ein vorhandenes PDF-Dokument angehängt werden soll.

Im Bereich *Dokumenteinstellungen* müssen Sie im Regelfall keine Einstellungen mehr vornehmen. Sollte lediglich die Texterkennung nicht so genau funktionieren, dann sollten Sie in einem weiteren Durchlauf die Qualität der Datei erhöhen.

TIPP

Die Texterkennung hängt sehr stark von der Qualität der Vorlage ab. Probieren Sie die eine oder andere Variante aus, bis Sie zu dem gewünschten Ergebnis kommen.

Klicken Sie auf die Schaltfläche *Scannen*, um den Vorgang zu starten.

Acrobat fordert nun die Daten von dem Scanner an und zeigt Ihnen den aktuellen Stand mithilfe eines Fortschrittsbalkens an.

Unmittelbar danach werden die Daten verarbeitet und das Dokument wird entsprechend aufbereitet (siehe Abbildung 2.16).

Nach einer Weile ist der Vorgang abgeschlossen und das Ergebnis wird Ihnen in Acrobat angezeigt.

Abb. 2.16: Die Daten werden verarbeitet

Wie Sie bemerken, hat Acrobat Textstellen als solche erkannt und Sie können diese jetzt problemlos markieren (und über das Kontextmenü kopieren). Bilder bestehen aus Text- und Grafikteilen und können mit dem *Auswahlwerkzeug für Text und Bilder* bearbeitet werden.

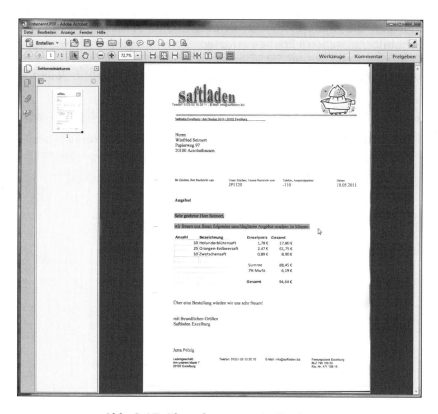

Abb. 2.17: Eine eingescannte Rechnung

PDF aus Webseite erstellen

Webseiten sind flüchtig und manchmal wünscht man sich, dass man die eine oder andere auf Dauer archivieren könnte. Mit Acrobat ist das möglich und im Nu ist ein PDF von Ihrer Lieblings-Website für die Ewigkeit erstellt.

Klicken Sie auf die Schaltfläche *Erstellen* und wählen Sie den Menüpunkt *PDF aus Webseite erstellen*.

Im folgenden Dialogfenster stellen Sie im Feld *URL* die gewünschte Internetadresse ein.

Standardmäßig erfasst Acrobat die erste Ebene einer Homepage. Möchten Sie weitere Ebenen erfassen, dann klicken Sie auf die Schaltfläche *Mehrere Ebenen erfassen*. Dadurch werden die weiteren Optionen sichtbar und Sie können im Bereich *Einstellungen* die Anzahl der Ebenen einstellen oder gleich die *Gesamte Website laden*.

TIPP

Bedenken Sie, dass Websites sehr umfangreich sein können und der Vorgang *Gesamte Website laden* sehr lange dauern und recht viel Festplattenspeicher erfordern kann.

Abb. 2.18: Die weiteren Optionen einstellen

Klicken Sie auf die Schaltfläche *Erstellen*, um den Vorgang zu starten.

Acrobat macht sich an die Arbeit und zeigt Ihnen den Fortschritt im Fenster *Downloadstatus* an.

Abb. 2.19: Die Website wird geladen

Nachdem die Website geladen ist, wird sie anschließend noch zu einem PDF verarbeitet und Ihnen wird nach Abschluss – wie bereits gewohnt – das Ergebnis in Acrobat angezeigt.

Abb. 2.20: Die Webseite als PDF

PDF aus anderen Programmen erstellen

Wenn Sie Acrobat auf Ihrem PC installiert haben, können Sie aus nahezu allen Anwendungen mithilfe des virtuellen Druckers *Adobe PDF* PDF-Dateien erstellen. Darüber hinaus finden sich in einigen Programmen, wie beispielsweise Microsoft Office, auch eigene Schaltflächen, mit denen man die Dokumente umwandeln kann.

Drucker Adobe PDF

Beim Installieren von Adobe Acrobat wird auf Ihrem System ein virtueller Drucker installiert, der von allen Windows-Anwendungen (etwa von den Firmen Microsoft, Adobe oder Corel) über die Druckfunktion wie ein eigenständiger Drucker genutzt werden kann.

Begeben Sie sich einmal in die Systemsteuerung in den Bereich *Geräte und Drucker*. Das geht am schnellsten, wenn Sie nach Anklicken der *Start*-Schaltfläche auf der rechten Seite den Menüeintrag *Geräte und Drucker* anwählen.

Sie erhalten eine Übersicht aller installierten Geräte und Drucker und sollten dort den Drucker *Adobe PDF* ausmachen.

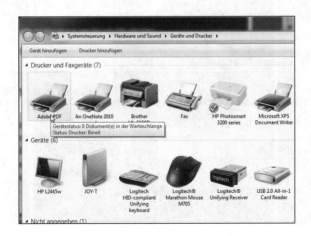

Abb. 2.21: Der Drucker Adobe PDF

Verwechseln Sie diesen Drucker, wie auch den PDFMaker, nicht mit der Programmkomponente *Acrobat Distiller*. Bei diesem handelt es sich um ein Werkzeug zur professionellen Konvertierung (*Destillieren*) von PostScript-Dateien, mit denen Sie es im Büroalltag vermutlich nicht zu tun haben werden.

Möchten Sie nun eine PDF-Datei aus einem beliebigen Programm, im Beispiel WordPad, heraus erstellen, dann klicken Sie in diesem Programm auf die *Drucken*-Schaltfläche oder rufen den entsprechenden Befehl auf.

Im folgenden *Drucken*-Dialogfenster wählen Sie den Drucker *Adobe PDF* aus.

Abb. 2.22: Den Drucker auswählen

Dieser Drucker verwendet die gegenwärtigen Konvertierungsvorgaben, die natürlich Auswirkungen auf die Qualität und die Größe der PDF-Datei haben.

Klicken Sie auf die Schaltfläche *Eigenschaften*, um diese einzusehen.

Im Listenfeld *Standardeinstellungen* finden Sie die gegenwärtige Konvertierungsvorgabe.

In der Regel sollten Sie es bei der Grundeinstellung, *Standard* belassen, da diese einen recht guten Kompromiss zwischen Qualität und Größe erzielt.

Abb. 2.23: Die gegenwärtigen Standardeinstellungen

In der Liste finden Sie neben dem Vorgabewert *Standard* noch folgende Optionen zur Auswahl:

▷ *Druckausgabequalität*: Diese Einstellung wählen Sie, wenn die Ausgabe der PDF-Datei über einen Digitaldruck oder durch einen Vierfach-Separationsdruck in einem Belichtungsstudio vorgenommen werden soll.

▷ *Kleinste Dateigröße*: Diese Einstellung optimiert die Datei für die Bildschirmanzeige oder Weitergabe per E-Mail oder als Internetdatei.

▷ *PDF/A-1b:2005 (CMYK)*: Hierbei handelt es sich um ein Format, das für die langfristige Archivierung einer Druckdatei vorgesehen ist.

▷ *PDF/A-1b:2005 (RGB)*: Dieses Format entspricht dem vorherigen mit dem Unterschied, dass die Datei für die Bildschirmanzeige optimiert wird.

▷ *Qualitativ hochwertiger Druck*: Diese Einstellung ist die richtige Wahl, wenn Sie einen hochwertigen Druck mit Ihrem Desktop-Drucker erzielen wollen.

Schließen Sie das Fenster mit *OK*.

Im Dialogfenster *Drucken* bestätigen Sie Ihre Wahl mit einem Klick auf die Schaltfläche *Drucken*.

Als Nächstes öffnet sich das Dialogfenster *PDF-Datei speichern unter* und fordert Sie zunächst zur Angabe eines Speicherplatzes für die PDF-Datei auf.

Stellen Sie den gewünschten Speicherpfad ein und bestätigen Sie mit einem Klick auf *Speichern*.

Acrobat erstellt die PDF-Datei und zeigt den Fortschritt in einem kleinen Hinweisfenster mittels eines Laufbalkens an.

Abb. 2.24: Die PDF-Datei wird erstellt

Zum Abschluss wird die Datei dann noch in Acrobat angezeigt.

PDFMaker

Fand Acrobat bei der Installation Microsoft-Office-Programme vor, so kommt der sogenannte *PDFMaker* zum Einsatz. Sind Sie Besitzer des Microsoft-Office-Pakets, dann werden Ihnen sicherlich nach der Installation die Veränderungen an den Symbolleisten und im Menü (bis Version 2003) bzw. im Menüband (ab Version 2007) aufgefallen sein. An dieser Stelle finden Sie nun eigene Schaltflächen, mit deren

Hilfe Sie direkt aus den genannten Programmen heraus ein PDF-Dokument kreieren können.

Abb. 2.25: Das Register *Acrobat* in Word 2010

Wenn Sie eine der Office-Anwendungen, beispielsweise Excel, danach starten, dann finden Sie die neue Registerkarte *Acrobat* (Version 2007 und 2010) bzw. eine neue Symbolleiste (bis Version 2003) vor.

PDF erstellen

Im Folgenden wird die Erzeugung eines PDF-Dokuments aus Excel 2010 heraus beschrieben. Analog dazu können die einzelnen Schritte entsprechend bei den anderen Microsoft-Office-Programmen angewendet werden.

Zunächst ist es empfehlenswert, das Office-Dokument zu speichern.

Anschließend klicken Sie im Menüband auf die Registerkarte *Acrobat* und dann in der Gruppe *Adobe PDF erstellen* auf die Schaltfläche *PDF erstellen*.

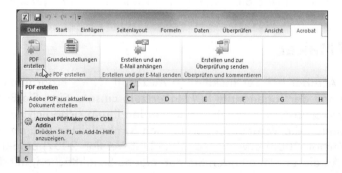

Abb. 2.26: Eine Excel-Tabelle in eine PDF-Datei umwandeln

Im folgenden Dialogfenster geben Sie den Speicherort und den Namen der Datei an und bestätigen mit einem Klick auf *Speichern*.

Die Konvertierung beginnt und der aktuelle Stand wird Ihnen in einem kleinen Fenster mittels eines Laufbandes angezeigt. Ist der Vorgang abgeschlossen, wird das neue PDF-Dokument wieder in Acrobat angezeigt.

Grundeinstellungen

Die Konvertierungseinstellungen des PDFMaker ändern Sie nach einem Klick auf die Schaltfläche *Grundeinstellungen*.

Im folgenden Dialogfenster finden Sie auf der Registerkarte *Einstellungen* das Listenfeld *Konvertierungseinstellungen*, aus dem Sie die gewünschte Konvertierungsart auswählen.

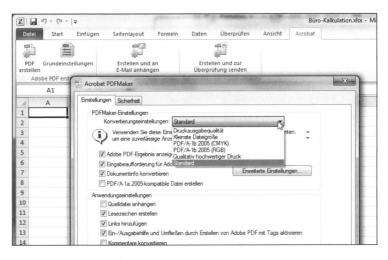

Abb. 2.27: Die Grundeinstellung des PDFMaker vornehmen

PDF per E-Mail versenden

Verfügen Sie über ein konfiguriertes Microsoft Outlook, dann ist es ganz besonders einfach, das PDF-Dokument gleich per E-Mail zu verschicken.

In diesem Fall klicken Sie lediglich im Menüband in der Registerkarte *Acrobat* innerhalb der Gruppe *Adobe PDF erstellen* auf die Schaltfläche *Erstellen und an E-Mail anhängen.*

Danach geben Sie den Speicherort für die PDF-Datei an und ändern gegebenenfalls den Namen.

Nachdem Sie auf die Schaltfläche *Speichern* geklickt haben, wird die Datei erstellt und unmittelbar danach erscheint ein leeres E-Mail-Formular, an das die PDF-Datei bereits angehängt ist.

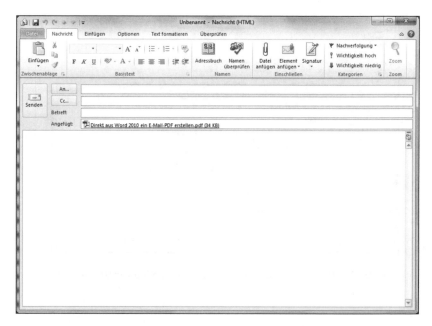

Abb. 2.28: Das E-Mail-Formular mit dem PDF-Anhang

Ihnen bleibt noch, den Adressaten, den Betreff und gegebenenfalls einen Text einzugeben und die *Senden*-Schaltfläche zu betätigen.

3 Arbeiten mit Seiten

Ziele

⇨ Verändern und bearbeiten Sie die einzelnen Seiten eines PDF-Dokuments nach Ihren Vorstellungen

⇨ Ein zu großes Dokument in mehrere Teile aufteilen und damit übersichtlicher machen

⇨ Ein Dokument mit Seiten aus anderen PDF-Dateien ergänzen

⇨ Seiten vereinheitlichen

⇨ Die Reihenfolge der Seiten ändern und gegebenenfalls durch Seiten anderer PDF-Dateien ergänzen

Schritte zum Erfolg

⇨ Seiten drehen, löschen, extrahieren, ersetzen und zuschneiden

⇨ Ein Dokument in zwei oder mehrere Teile aufteilen

⇨ Seiten aus anderen PDF-Dokumenten oder Quellen ergänzen

⇨ Seiten mit Hintergründen und/oder Kopf- und Fußzeilen versehen

⇨ Seiten innerhalb einer PDF-Datei oder zwischen mehreren PDF-Dokumenten verschieben

In diesem Kapitel werden Sie lernen, wie Sie einzelne Seiten eines PDF-Dokuments bearbeiten und damit Informationen selektieren können. Darüber hinaus erfahren Sie, wie Sie Seiten aus anderen PDF-Dateien einfügen und platzieren können.

Seiten bearbeiten

Ab und an wird es vorkommen, dass Sie die eine oder andere Seite eines PDF-Dokuments ändern wollen. Gewiss, Sie könnten nun die Ursprungsdatei (sofern vorhanden) im Ursprungsprogramm öffnen und dort die Bearbeitungen vornehmen. Schneller wird es jedoch oft sein, wenn Sie die folgenden Arbeiten direkt in der PDF-Datei vornehmen.

Seiten drehen

Was bei einem gedruckten Exemplar keine Probleme beim Lesen macht, ist für das Lesen am Bildschirm nicht so ideal: Seiten im Querformat.

Da es auf Dauer schadet, die Halsmuskulatur durch eine unnatürliche Betrachtungshaltung zu schädigen, ist es oft hilfreich, wenn man die betreffende Seite einfach dauerhaft dreht.

TIPP

Möchten Sie eine Seite lediglich zur Betrachtung drehen, dann wählen Sie einfach die Menüfolge *Anzeige / Ansicht drehen / Im UZS* bzw. *Gegen UZS*. Rascher geht es übrigens mithilfe der Tastenkombination ⌨Strg + ⌨⇧ + ⌨+ bzw. ⌨-.

Wechseln Sie zunächst auf die betreffende Seite, indem Sie in der Seitennavigation die Seitenzahl eingeben und mit ⌨↵ bestätigen.

Dort angekommen, klicken Sie mit der rechten Maustaste auf die entsprechende Seitenminiatur und wählen den Kontextmenüpunkt *Seiten drehen* an.

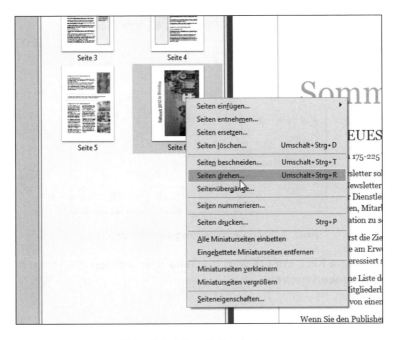

Abb. 3.1: Eine Seite drehen

Im folgenden Dialogfenster stellen Sie im Feld *Richtung* die gewünschte Ausrichtung ein. Im *Seitenbereich* stellen Sie ein, ob Sie alle Seiten, eine markierte Auswahl oder eine bestimmte Seite drehen möchten.

Abb. 3.2: Die Einstellung für die Drehung

Nach einem Klick auf *OK* wird die Seite bzw. werden die Seiten nach Ihren Angaben gedreht.

Seiten löschen

Um eine Seite zu entfernen, ist es zunächst hilfreich, das Fenster *Werkzeuge* zu öffnen.

Klicken Sie dazu auf die Schaltfläche *Werkzeuge* und anschließend auf die Kategorie *Seiten*, sodass deren Inhalte sichtbar werden. Hier finden Sie das Werkzeug *Löschen*.

Nachdem Sie es angeklickt haben, erscheint ein kleines Dialogfenster, in dem Sie den Umfang Ihrer Löschaktion eingeben können.

Haben Sie bereits die betreffenden Seiten in der Seitennavigation ausgewählt, dann können Sie es bei der Vorgabe *Ausgewählte* belassen.

Andernfalls stellen Sie über die Felder der Option *Von* den gewünschten Seitenumfang ein.

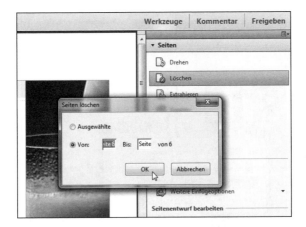

Abb. 3.3: Eine Seite löschen

Wenn Sie mit *OK* bestätigen, werden Sie nochmals gefragt, ob die Seite(n) gelöscht werden soll(en).

Sind Sie sich sicher, dann bestätigen Sie mit *Ja*. Bedenken Sie aber dabei, dass dieser Vorgang nicht rückgängig gemacht werden kann.

Seiten extrahieren

Wenn Sie aus einer umfangreichen PDF-Datei lediglich eine Seite oder eine bestimmte Seitenfolge benötigen, dann können Sie diese in eine neue Datei schreiben.

In diesem Fall klicken Sie im Fenster *Werkzeuge* auf die Schaltfläche *Extrahieren*.

Im folgenden Dialogfenster *Seiten entnehmen* stellen Sie in den Feldern *Von* und *Bis* den gewünschten Umfang ein.

Möchten Sie die Seiten aus der Ursprungsdatei löschen, dann aktivieren Sie das Kontrollkästchen *Seiten nach Entnahme löschen*. Möchten Sie dagegen für jede einzelne Seite eine eigene Datei erstellen, dann wählen Sie das Kontrollkästchen *Seiten als einzelne Dateien entnehmen*.

Abb. 3.4: Einzelne Seiten entnehmen

Nachdem Sie mit OK bestätigen, werden die Seiten entnommen und in eine bzw. mehrere neue PDF-Dateien übernommen.

Diese müssen Sie lediglich noch benennen und abspeichern.

Seite ersetzen

Möchten Sie eine bestimmte Seite, etwa mit einer neueren oder älteren Fassung, ersetzen, dann entscheiden Sie sich für das Werkzeug *Ersetzen*.

Sie erhalten das Dialogfenster *Datei mit neuen Seiten auswählen*, indem Sie den Speicherort mit der Datei einstellen, die die neuen Seiten enthält.

Nachdem Sie diese Angaben mit einem Klick auf *Auswählen* bestätigt haben, erhalten Sie das Dialogfenster *Seiten ersetzen*.

In diesem können Sie nun die Seiten in den Feldern des Bereichs *Original* bestimmen, die durch die neuen Seiten ersetzt werden sollen. Die Seiten, die anstelle dieser Seiten erscheinen sollen, legen Sie im Bereich *Ersetzen* fest.

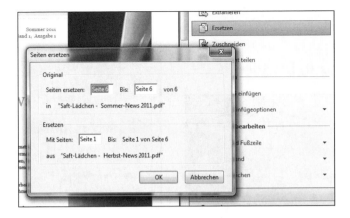

Abb. 3.5: Welche Seiten sollen ersetzt werden?

Haben Sie alles eingestellt, genügt ein Klick auf *OK*, um den Austausch sofort vorzunehmen.

Seiten zuschneiden

Befinden sich Elemente auf der Seite, die nicht angezeigt werden sollen, oder Sie haben ein zu großes Papierformat gewählt, dann lösen Sie das mithilfe des Werkzeugs *Zuschneiden*.

Sie finden es im Fenster *Werkzeuge* in der Kategorie *Seiten*.

Abb. 3.6: Das Werkzeug *Zuschneiden* aktivieren

Wenn Sie auf diese Schaltfläche klicken, nimmt der Mauszeiger die Form eines Markierungskreuzes an.

Ziehen Sie mit gedrückter Maustaste über den Bereich, der nach dem Zuschneiden übrig bleiben soll.

Abb. 3.7: Einen Markierungsrahmen anlegen

Beim Aufziehen müssen Sie nicht zu exakt arbeiten, denn Sie können mithilfe der kleinen quadratischen Eckanfasser die Größe problemlos nachträglich korrigieren.

Dazu bewegen Sie den Mauszeiger auf einen der Eckanfasser und wenn er die Form eines Doppelpfeils annimmt, ziehen Sie ihn mit gedrückter Maustaste in die gewünschte Richtung.

Abb. 3.8: Die Größe über die Eckanfasser korrigieren

Um den Auswahlrahmen zu verschieben, platzieren Sie den Mauszeiger innerhalb desselben und wenn er die Form eines Dreiecks annimmt, können Sie den Rahmen mit gedrückter Maustaste verschieben.

Abb. 3.9: Den Auswahlrahmen verschieben

Entspricht die Markierung Ihren Vorstellungen, dann klicken Sie doppelt innerhalb des Rahmens, um den Zuschneidevorgang zu starten.

Dadurch wird das Dialogfenster *Seitenrahmen festlegen* geöffnet. In diesem finden Sie eine Vorschau und Angaben über die Größe der beschnittenen Seite.

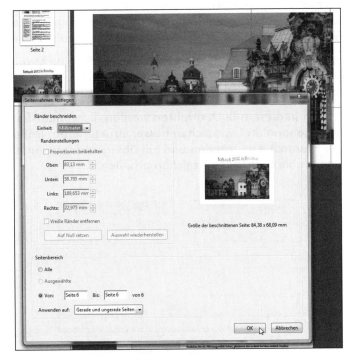

Abb. 3.10: Die Ausmaße des Seitenrahmens festlegen

Um den Zuschnitt auszuführen, klicken Sie nun noch auf *OK*.

Möchten Sie die *Randeinstellungen* ändern, müssen Sie das Dialogfenster über die Schaltfläche *Abbrechen* verlassen und den Auswahlrahmen wie oben beschrieben anpassen.

Dokument teilen

Oftmals enthält ein Dokument vom Umfang her zu viele Seiten. In diesem Fall bietet es sich an, das Dokument in zwei oder mehrere Teile aufzuteilen.

Möchten Sie ein Dokument in mehrere Teile aufteilen, dann kommt das Werkzeug *Dokument teilen* zum Einsatz.

Nachdem Sie es angeklickt haben, können Sie in dessen Dialogfenster die Stelle festlegen, nach der die Teilung erfolgen soll, bzw. wie viele Seiten ein Teil höchstens enthalten darf. Dazu tragen Sie einfach die gewünschte Seitenzahl in das Feld *Maximale Anzahl Seiten* ein.

Alternativ können Sie aber auch im Feld *Dateigröße* eine Maximaldateigröße festschreiben, die die Dateien haben sollen. Diese Variante ist beispielsweise für das Verteilen im Internet interessant.

Wie Sie noch in diesem Buch erfahren werden, kann man Texte mithilfe von sogenannten Lesezeichen besser strukturieren. Dabei kann man eine Hierarchie verwenden und mit übergeordneten und untergeordneten (abhängigen) Lesezeichen arbeiten.

Abb. 3.11: Ein Dokument teilen

Entscheiden Sie sich für die Option *Übergeordnete Lesezeichen*, dann werden nur die ranghöchsten Lesezeichen übernommen. Die untergeordneten Lesezeichen fallen unter den Tisch.

Über die Schaltfläche *Ausgabeoptionen* können Sie weitere Einstellungen vornehmen. Beispielsweise lassen sich hier Angaben zum *Zielordner* und zur *Dateikennzeichnung* machen.

Abb. 3.12: Die Ausgabeoptionen für die geteilten Dokumente

Haben Sie alles eingestellt, dann beginnt Acrobat nach einem Klick auf *OK* mit der Arbeit und teilt Ihnen am Ende mit, in wie viele Teile das Dokument zerlegt wurde.

Diese befinden sich – sofern Sie die Optionen nicht verändert hatten – im Zielordner und sind an ihrem Zusatz *Teilx* im Dateinamen zu erkennen.

Seiten einfügen

Möchten Sie eine PDF-Datei mit Seiten aus anderen PDF-Dateien ergänzen, dann finden Sie die dazu benötigten Werkzeuge im Bereich *Seiten einfügen*.

Seiten aus anderen PDF-Dateien

Um Seiten aus anderen PDF-Dateien einzufügen, klicken Sie auf die Schaltfläche *Aus Datei einfügen*.

Im folgenden Dialogfenster wechseln Sie in den Speicherort der Datei, die die Seite enthält, markieren sie und bestätigen mit *Auswählen*.

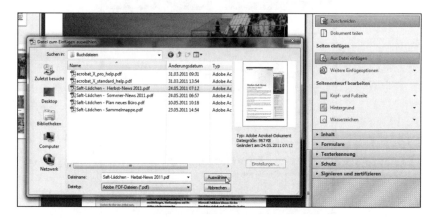

Abb. 3.13: Eine Seite aus einer anderen PDF-Datei einfügen

Im folgenden Dialogfenster bestimmen Sie zunächst die *Position*, an der die Seiten eingefügt werden sollen.

Abb. 3.14: Welche Seiten sollen wo eingefügt werden?

Dann können Sie festlegen, ob Sie die *Erste* oder *Letzte* (Seite) einfügen wollen oder ob es eine festzulegende Reihenfolge (*Seite*) gibt.

Nachdem Sie mit *OK* abschließen, werden die entsprechenden Seiten an der gewünschten Stelle eingefügt.

Seiten aus anderen Quellen

Sie sind nicht auf das Einfügen aus anderen PDF-Dateien beschränkt.

Weitere Einfügeoptionen können Sie dem Listenpfeil der gleichnamigen Schaltfläche entnehmen.

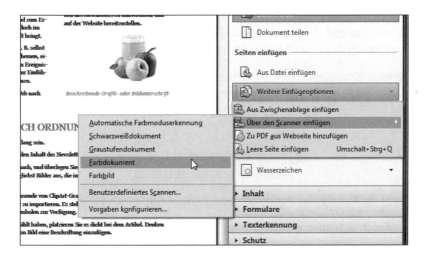

Abb. 3.15: Informationen können aus vielerlei Quellen eingefügt werden

Interessant ist auch die Option *Leere Seite einfügen*, die es Ihnen beispielsweise ermöglicht, ein Trennblatt zwischen verschiedenen Informationen einzufügen.

Seitenentwurf bearbeiten

Wenn Sie ein PDF-Dokument aus einer Reihe an verschiedenen Quellen erstellt haben, fehlt oft das einheitliche Aussehen.

Das können Sie mithilfe der Werkzeuge im Bereich *Seitenentwurf bearbeiten* ändern.

Kopf- und Fußzeile

Gerade Kopf- und Fußzeilen können einem Dokument zu einem einheitlichen Aussehen verhelfen, indem jede Seite mit einer Seitenzahlen oder einem Titel versehen wird.

Klicken Sie auf die Schaltfläche *Kopf- und Fußzeile* und wählen Sie den Eintrag *Kopf- und Fußzeile hinzufügen* aus.

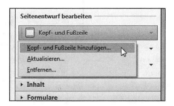

Abb. 3.16: In den Kopf- und Fußzeilenbereich wechseln

Es öffnet sich das gleichnamige Dialogfenster, in dem Sie alle Bestandteile eingeben und formatieren können.

Im Bereich *Schrift* können Sie die Schriftart (*Name*), deren Größe (*Grad*), die *Unterstreichung* und die *Schriftfarbe* angeben. Im Bereich *Rand (Millimeter)* legen Sie die gewünschten Abstände fest. Mithilfe der Einstellungen des Links *Optionen für Erscheinungsbild* stellen Sie sicher, dass die Kopf- und Fußzeilen nicht mit dem Text kollidieren.

Die gewünschten Textbestandteile geben Sie in die entsprechenden Felder ein. Dabei können Sie auf die Schaltflächen *Seitenzahl einfügen* und *Datum einfügen* zurückgreifen, die Ihnen die entsprechenden Felder einfügen. Das Format legen Sie nach Anklicken des Links *Format für Seitenzahlen und Datum* fest.

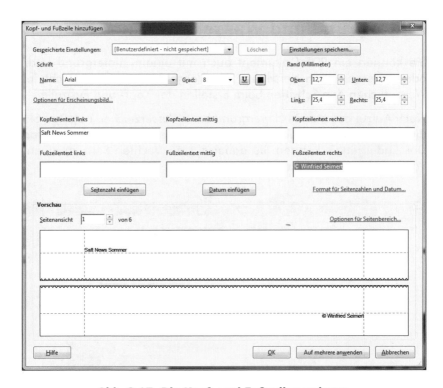

Abb. 3.17: Die Kopf- und Fußzeilen anlegen

Haben Sie alle Informationen eingegeben und arrangiert, dann klicken Sie auf *OK*.

TIPP

Sie können diese Einstellungen auf mehrere PDF-Dokumente anwenden. Dazu klicken Sie auf die Schaltfläche *Auf mehrere anwenden* und wählen im folgenden Dialogfenster die Dateien aus, die mit diesen Informationen versehen werden sollen.

Möchten Sie nachträglich Veränderungen an diesen Angaben vornehmen, dann rufen Sie einfach das Dialogfenster über den Menüeintrag *Aktualisieren* erneut auf.

Hintergrund und Wasserzeichen

Sie können ein PDF-Dokument auch mit einem Hintergrund und/
oder Wasserzeichen versehen. Die Vorgehensweise entspricht im
Wesentlichen den Schritten beim Erstellen der Kopf- und Fußzeile.

Nach Aufruf des Menüs *Hintergrund* bzw. *Wasserzeichen* nehmen Sie
die gewünschten Einstellungen im entsprechenden Dialogfenster vor.
Das Endergebnis können Sie dabei auf der rechten Seite in einem
Vorschaufenster begutachten.

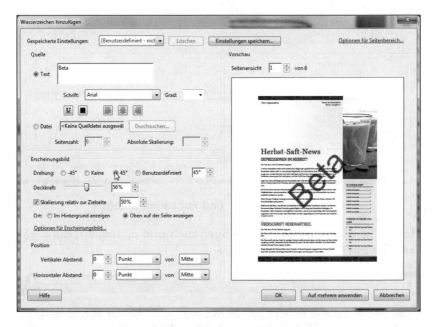

Abb. 3.18: Ein Wasserzeichen einfügen

Seiten verschieben

Nicht immer werden die Seiten die von Ihnen gewünschte Reihenfolge besitzen. Die Reihenfolge kann jedoch jederzeit beliebig geändert

werden, ohne dass das Dokument im Ursprungsprogramm geöffnet werden muss.

Innerhalb einer PDF-Datei

Um Seiten innerhalb eines PDF-Dokuments zu verschieben, müssen Sie zunächst im Navigationsfenster auf die Schaltfläche *Seitenminiaturen* klicken.

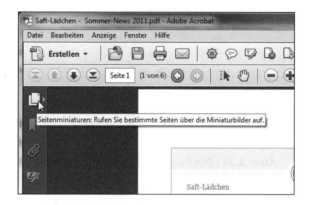

Abb. 3.19: In den Seitenminiaturbereich wechseln

Um sich einen Überblick zu verschaffen, sollten Sie im nun sichtbaren Navigationsbereich *Seitenminiaturen* die Ansicht verkleinern.

Klicken Sie dazu auf die Schaltfläche *Optionen* und wählen Sie den entsprechenden Menüpunkt an (siehe Abbildung 3.20).

Achten Sie dann darauf, dass das *Auswahlwerkzeug für Text und Bilder* aktiviert ist. Mit diesem Werkzeug zeigen Sie auf die Seite, die Sie verschieben möchten, und ziehen mit gedrückter Maustaste die Seite rechts neben die Seite, hinter der Sie die Seite einfügen wollen (siehe Abbildung 3.21).

Als optische Hilfe wird Ihnen bei dem Vorgang ein vertikaler Strich eingeblendet, der Ihnen die aktuelle Position anzeigt.

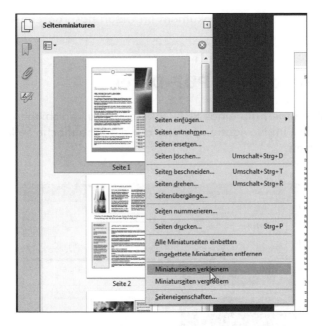

Abb. 3.20: Die Miniaturseiten verkleinern

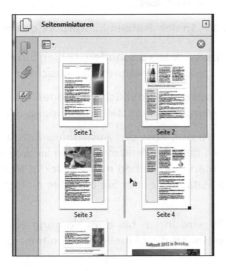

Abb. 3.21: Die Reihenfolge ändern

Sind Sie an der gewünschten Position angekommen, lassen Sie den Mauszeiger einfach los. Die Seite wird an dieser Stelle platziert und die Nummerierung wird – sofern Sie diese über die Kopf- und Fußzeile vorgenommen haben –automatisch angepasst.

 TIPP

Möchten Sie die Seite kopieren, dann halten Sie während des gesamten Vorgangs die ⌨Strg⌨-Taste gedrückt.

Zwischen zwei PDF-Dateien

Wenn Sie zwischen zwei geöffneten PDF-Dateien Seiten austauschen wollen, dann kommt wieder der Navigationsbereich *Seitenminiaturen* zum Einsatz.

Rufen Sie in einem der Acrobat-Fenster die Menüfolge *Fenster / Anordnen / Nebeneinander* auf.

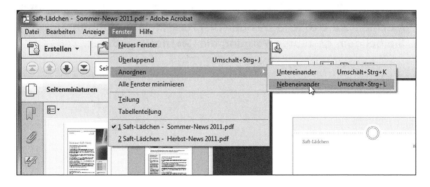

Abb. 3.22: Die Seiten nebeneinander anordnen

Zeigen Sie im Navigationsbereich auf die Seitenminiatur der Seite, die Sie in das andere Dokument einfügen wollen, und ziehen Sie diese mit gedrückter Maustaste an die Stelle, an der sie eingefügt werden soll.

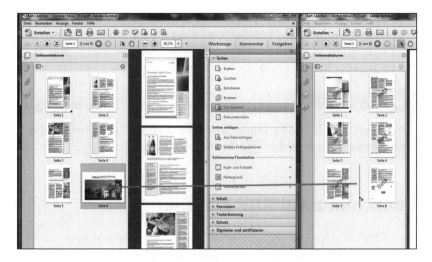

Abb. 3.23: Einfach in die Seitennavigation ziehen

Wie Sie sehen, legt Acrobat dabei eine Kopie der Seite an.

TIPP ⚠

Möchten Sie die Seite aus der Ursprungsdatei entfernen, halten Sie bei dem gesamten Vorgang die Strg-Taste gedrückt.

4 Inhalte strukturieren und bearbeiten

Ziele

⇨ Seiten logisch strukturieren und Informationen schneller auffinden

⇨ Texte und Objekte von PDF-Dateien bearbeiten

Schritte zum Erfolg

⇨ Anlegen von Lesezeichen

⇨ Arbeiten mit Lesezeichen

⇨ Dokumenttext bearbeiten und Textfelder anlegen

⇨ Verknüpfungen und Schaltflächen erstellen

⇨ Anlagen zum Bearbeiten einfügen

Viele Informationen können ermüdend wirken. Deshalb ist es angebracht, die Texte zu strukturieren und somit besser lesbar zu gestalten. Acrobat bietet Ihnen dazu die Lesezeichen an.

Ein Vorteil von PDF-Dateien ist, dass man sie gegebenenfalls nur eingeschränkt bearbeiten kann und sie so vor unbefugten Veränderungen geschützt sind.

Diesen Schutz können Sie so einschränken, dass Sie bestimmte Bearbeitungsmöglichkeiten zulassen. Möchten Sie dagegen einem Leser ermöglichen, die Datei weiterzubearbeiten, können Sie die Originaldatei als Anhang beifügen.

Lesezeichen

Bestimmt kennen Sie die Lesezeichen, die man in ein Buch einlegt, um die Stelle, an der man unterbrechen musste, schneller wiederzufinden. Diese praktische Einrichtung gibt es auch für PDFs. Neben dem Effekt, dass man bestimmte Stellen schneller findet, bieten diese praktischen Helfer auch noch die Möglichkeit, ein Dokument zu strukturieren.

Bevor Sie mit dem Arbeiten beginnen, sollten Sie den Navigationsbereich *Lesezeichen* öffnen.

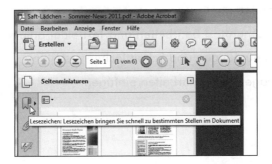

Abb. 4.1: Den Navigationsbereich öffnen

Lesezeichen anlegen

Um ein neues Lesezeichen anzulegen, wechseln Sie als Erstes an die Stelle, die Sie mit dem Lesezeichen schnell aufrufen möchten.

Dort angekommen, aktivieren Sie das *Auswahlwerkzeug für Text und Bilder* und markieren die Textpassage, beispielsweise eine Überschrift, die Sie als Lesezeichen verwenden wollen.

Abb. 4.2: Vorbereitung für das Lesezeichen

Um das Lesezeichen zu erstellen, klicken Sie auf die Schaltfläche *Neues Lesezeichen*.

Im Navigationsbereich wird sofort aus Ihrer Markierung ein neues Lesezeichen erstellt. Da es noch markiert ist, können Sie den Text gegebenenfalls noch ändern.

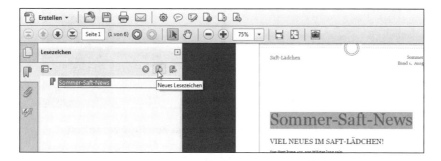

Abb. 4.3: Das Lesezeichen erstellen

Zur Übernahme betätigen Sie einfach die ⌐⌐-Taste.

Auf diese Art und Weise nehmen Sie nun alle Überschriften Ihres Dokuments in die Lesezeichenverwaltung auf.

Sie können übrigens auch ohne Markierung eine bestimmte Seite mit einem Lesezeichen versehen.

Dazu wechseln Sie am besten durch Anklicken der entsprechenden Seitenminiatur auf diese Seite, sodass sie im Dokumentfenster angezeigt wird.

Anschließend klicken Sie einfach auf die Schaltfläche *Neues Lesezeichen*.

Es wird ein Lesezeichen mit der Bezeichnung *Unbenannt* kreiert, das Sie zum besseren Verständnis mit einer anderen Bezeichnung versehen sollten.

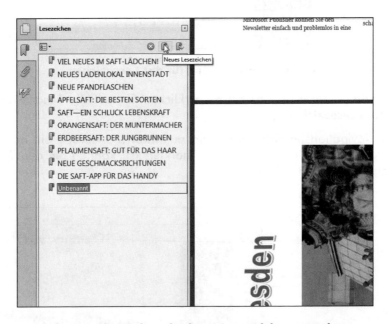

Abb. 4.4: Eine Seite mit einem Lesezeichen versehen

Die Vorgabe können Sie nun durch eine aussagekräftige Bezeichnung ersetzen.

Abb. 4.5: Das Lesezeichen benennen

Schließen Sie die Eingabe mit [←] ab.

Arbeiten mit Lesezeichen

Wenn Sie erst einmal mit Lesezeichen gearbeitet haben, werden Sie diese praktische Einrichtung bald nicht mehr missen wollen. Zum einen können Sie sich rasch einen Überblick über das Dokument verschaffen und zum anderen schnell mal eine bestimmte Stelle aufsuchen.

Lesezeichen einsetzen

Der Einsatz eines Lesezeichens ist ganz einfach: Sie zeigen im Navigationsfenster mit dem Mauszeiger auf das Lesezeichensymbol. Wenn der Mauszeiger die Form einer Hand mit gestrecktem Zeigefinger annimmt, klicken Sie einmal und schon wird die entsprechende Stelle im Dokumentfenster angezeigt.

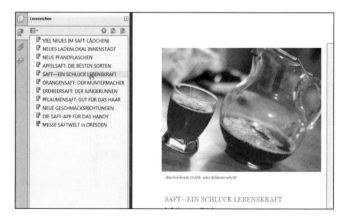

Abb. 4.6: Ein Lesezeichen aufrufen

Lesezeichen löschen

Haben Sie ein Lesezeichen zweimal erstellt oder benötigen Sie ein Lesezeichen nicht mehr, dann können Sie es einfach nach dem Markieren mit einem Klick auf die Schaltfläche *Markierte Lesezeichen löschen* entfernen.

Abb. 4.7: Ein Lesezeichen löschen

Lesezeichen umordnen

Nicht immer werden die Lesezeichen vielleicht in der gewünschten Reihenfolge erscheinen. Das ist dann beispielsweise der Fall, wenn Sie unsystematisch vorgegangen sind oder zu einem späteren Zeitpunkt ein weiteres Lesezeichen eingefügt haben.

In einem solchen Fall zeigen Sie einfach auf das Lesezeichensymbol und ziehen es mit gedrückter Maustaste an die gewünschte Stelle.

Ein dünner Strich markiert Ihnen dabei die Stelle, an der das Lesezeichen eingefügt werden kann.

Abb. 4.8: Ein Lesezeichen umordnen

Auf die eben gezeigte Art und Weise können Sie Lesezeichen auch hierarchisch anordnen und sich so einen besseren Überblick verschaffen.

Klicken Sie auf das Lesezeichen, das Sie unterordnen möchten, und ziehen Sie es mit gedrückter Maustaste nach rechts weg unter das Lesezeichen, welchem Sie es unterordnen wollen.

Abb. 4.9: Das Lesezeichen unterordnen

Achten Sie dabei auf den dünnen Strich. Wenn er bündig mit dem übergeordneten Text abschließt, ist die richtige Position erreicht. Dort lassen Sie die Maustaste los und schon ist das Lesezeichen untergeordnet.

Abb. 4.10: Mehr Überblick durch hierarchische Lesezeichen

 TIPP

Mehrere Lesezeichen können Sie entweder mithilfe der ⬆-Taste, wenn sie denn zusammenhängend sind, oder mit der Strg-Taste, wenn Sie sie einzeln markieren müssen, zusammenfassen und in einem Rutsch unter ein übergeordnetes Lesezeichen befördern.

Eigenschaften ändern

Jedes Lesezeichen verfügt über spezifische Eigenschaften, die Sie ändern und an Ihre Bedürfnisse anpassen können. So lässt sich beispielsweise die Zoomstufe beim Aufruf einstellen.

Um die Eigenschaft eines Lesezeichens zu ändern, klicken Sie mit der rechten Maustaste auf das besagte Lesezeichen.

Aus dem Kontextmenü wählen Sie den Eintrag *Eigenschaften*.

Im folgenden Dialogfenster *Lesezeicheneigenschaften* können Sie zunächst über die Optionen der Registerkarte *Erscheinungsbild* das Aussehen des Lesezeichens ändern und ihm beispielsweise eine Farbe zuweisen.

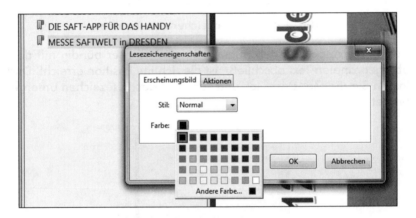

Abb. 4.11: Das Aussehen des Lesezeichens verändern

Wenn Sie die Registerkarte *Aktionen* anwählen, dann finden Sie im Bereich *Aktionen* die bereits zugewiesene Aktion vor. Im Regelfall wird das die Anweisung sein, dass man zu einer bestimmten Seite geht und in welcher Größe diese geöffnet werden soll.

Möchten Sie beispielsweise den Zoom verändern, dann markieren Sie die Aktion und klicken auf die Schaltfläche *Bearbeiten*.

Im folgenden Dialogfenster können Sie nun im Listenfeld *Zoom* die gewünschte Größe einstellen.

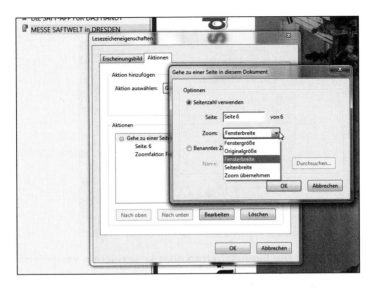

Abb. 4.12: Den Zoomfaktor anpassen

Mit einem Klick auf OK übernehmen Sie die Einstellungen.

Zurück im Dialogfenster *Lesezeicheneigenschaften* können Sie dem Lesezeichen auch noch weitere Aktionen zuweisen.

Dazu klicken Sie auf die Liste *Aktion auswählen* und übernehmen eine Aktion mit einem Klick auf *Hinzufügen*. Im folgenden spezifischen Dialogfenster stellen Sie die gewünschten Parameter ein und bestätigen mit OK.

Abschießend können Sie noch mithilfe der Schaltflächen *Nach oben* bzw. *Nach unten* die Aktionen in die gewünschte Reihenfolge bringen.

Die generellen Eigenschaften der Lesezeichen ändern Sie über das Menü *Optionen* im Navigationsfenster *Lesezeichen* (siehe Abbildung 4.13).

Beispielsweise können Sie durch Anwahl des Menüpunkts *Übergeordnete Lesezeichen reduzieren* erreichen, dass alle aufgeklappten Lesezeichen bis zur ersten Ebene geschlossen werden und Sie so einen schnelleren Überblick erhalten.

Inhalte strukturieren und bearbeiten

Abb. 4.13: Die Eigenschaften aller Lesezeichen verändern

Wie Sie sehen, ist der Menüeintrag *Aktuelles Lesezeichen hervorheben* bereits ausgewählt. Dadurch wird das Lesezeichensymbol in grauer Farbe dargestellt, um Ihnen gleich zu zeigen, welches Lesezeichen Sie zuletzt angewählt hatten.

Wenn Sie den Menüeintrag *Nach Verwendung ausblenden* wählen, wird nach Anwahl eines Lesezeichens der Navigationsbereich geschlossen.

Wenn Sie Dritten ein PDF-Dokument mit Lesezeichen zur Verfügung stellen, ist es hilfreich, wenn der Navigationsbereich gleich sichtbar ist und der Leser sofort darauf zugreifen kann.

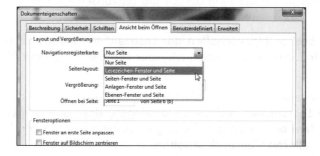

Abb. 4.14: Das Lesezeichen-Fenster beim Öffnen sichtbar machen

Deshalb rufen Sie über die Menüfolge *Datei / Eigenschaften* das Dialogfenster *Dokumenteigenschaften* auf und wählen die Registerkarte *Ansicht beim Öffnen* an.

Dort wählen Sie im Listenfeld *Navigationsregisterkarte* den Listeneintrag *Lesezeichen-Fenster und Seite.*

Text und Objekte bearbeiten

In diesem Abschnitt werden Sie sehen, wie Sie Texte und Grafiken direkt in einem PDF-Dokument bearbeiten können.

Dokumenttext bearbeiten

Um einen Textabschnitt zu bearbeiten, klicken Sie im *Werkzeuge*-Bereich auf die Schaltfläche *Dokumenttext bearbeiten*.

Zeigen Sie anschließend mit dem Mauszeiger auf die Textpassage. Wenn der Mauszeiger die Form einer Schreibmarke annimmt, klicken Sie einmal. Dadurch wird ein blauer Markierungsrahmen um den Textabschnitt – im Regelfall einen Absatz – gesetzt

Abb. 4.15: Eine Textpassage bearbeiten

Innerhalb dieses Rahmens können Sie nun den Text bearbeiten und ihn beispielsweise mit Entf oder ⬅ löschen und/oder durch einen neuen Text ersetzen.

Sommer-Saft-News

VIEL NEUES IM SAFT-LÄDCHEN!

Ab Oktober endlich eine neue Saftbar in der Filiale Innenstadt

In einem Newsletter sollen einer bestimmten Zielgruppe spezielle Informationen ver
telt werden. Newsletter stellen nicht nur eine ideale Möglichkeit zum Vermarkten Ih

Abb. 4.16: Löschen, eingeben und schon steht dort ein anderer Text

Möchten Sie diesen Text auch formatieren, dann klicken Sie mit der rechten Maustaste innerhalb des Markierungsrahmens und wählen den Kontextmenüpunkt *Eigenschaften* an.

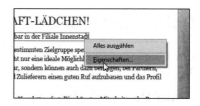

Abb. 4.17: Die Eigenschaften des Textes verändern

Im folgenden Dialogfenster *TouchUp-Eigenschaften* (so wurden die Werkzeuge bis zur Vorgängerversion genannt) finden Sie nun alle möglichen Textformatierungsmöglichkeiten.

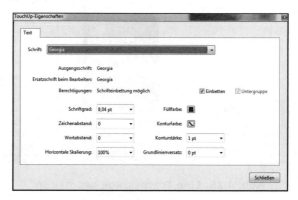

Abb. 4.18: Den Text kann man auch formatieren

Textfelder

Sie können aber auch weiteren Text einfügen, ohne dass Sie vorhandenen ersetzen müssen. In diesem Fall aktivieren Sie das Werkzeug *Textfeld hinzufügen oder bearbeiten*, führen den Mauszeiger an die Stelle, an der der Text erscheinen soll, und setzen dort mit einem Klick den Mauszeiger ab.

Abb. 4.19: Ein Textfeld anlegen

Anschließend geben Sie wie gewohnt den Text ein.

Abb. 4.20: Den Text in das Textfeld eingeben ...

Danach markieren Sie die Textpassage, die Sie formatieren wollen, und nehmen die gewünschten Einstellungen mithilfe der Symbolleiste *Schreibmaschine* vor.

Abb. 4.21: ... und abschließend formatieren

Achten Sie bei der Formatierung darauf, dass die Schaltfläche *Schreibmaschine* aktiviert ist. Deaktivieren Sie diese Schaltfläche, dann können Sie das Textfeld frei bei aktiviertem *Auswahlwerkzeug für Text und Bilder* über die Seite bewegen.

Abb. 4.22: Das Textfeld bewegen

Verknüpfungen

Verknüpfungen funktionieren wie Lesezeichen, nur dass sie auch unmittelbar im Fließtext eines Dokuments angelegt werden, aber nicht im Navigationsfenster auftauchen. Auf diese Art und Weise lassen sich beispielsweise Textstellen mit Hyperlinks hinterlegen und vieles andere mehr.

Um eine solche Verknüpfung anzulegen, klicken Sie im Fenster *Werkzeuge* auf die Schaltfläche *Verknüpfung*, um das Werkzeug zu aktivieren.

Mit dem nunmehr aktivierten Werkzeug ziehen Sie mit gedrückter Maustaste ein Markierungsrechteck über dem Wort, der Grafik oder der Stelle auf, an der die Verknüpfung eingefügt werden soll.

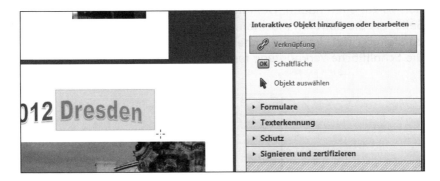

Abb. 4.23: Die Stelle für die Verknüpfung markieren

Sobald Sie die Maustaste loslassen, wird das Dialogfenster *Verknüpfung erstellen* geöffnet.

Inhalte strukturieren und bearbeiten

In diesem können Sie zunächst den *Verknüpfungstyp* festlegen und entscheiden, ob das Markierungsrechteck sichtbar ist oder nicht. Da nicht jeder sofort einen Hyperlink erkennt, ist es empfehlenswert, es bei der Einstellung *Sichtbares Rechteck* zu belassen.

Abb. 4.24: Die Einstellungen für die Verknüpfung

Im Bereich *Verknüpfungsaktion* legen Sie fest, welche Aktion über die Verknüpfung ausgelöst werden soll.

Entscheiden Sie sich für die Option *Gehe zu einer Seitenansicht*, dann erhalten Sie bei einem Klick auf *Weiter* ein Hinweisfenster, wie Sie nun vorzugehen haben. Dementsprechend begeben Sie sich auf die Seite, die Sie aufrufen möchten, und legen die gewünschte Ansichtsdarstellung fest. Ist das geschehen, klicken Sie zur Bestätigung auf die Schaltfläche *Verknüpfung festlegen*.

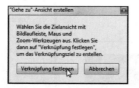

Abb. 4.25: Zu einer bestimmten Seite wechseln

Haben Sie sich für die Option *Datei öffnen* entschieden, dann öffnet sich danach das Dialogfenster *Datei zum Öffnen auswählen* und Sie stellen die Datei ein, die geöffnet werden soll.

Möchten Sie dagegen erreichen, dass die Verknüpfung mit einer Website hinterlegt wird, die beim Anwählen aufgerufen wird, wählen Sie die Option *Webseite öffnen*.

Nach Anlegen der Markierung erscheint das Dialogfenster *URL bearbeiten*, in dem Sie die (vollständige!) Internetadresse eingeben und mit OK abschließen.

Abb. 4.26: Mit einer Website verknüpfen

Mit der letzten Option *Benutzerdefinierte Verknüpfung* können Sie einer Verknüpfung zusätzliche Aktionen zuweisen.

Nachdem Sie mit *Weiter* bestätigt haben, erhalten Sie das Dialogfenster *Verknüpfungseigenschaften*. In diesem können Sie auf der Registerkarte *Aktionen* im Bereich *Aktion hinzufügen* im Listenfeld *Aktion auswählen* aus einer Reihe an Aktionen auswählen.

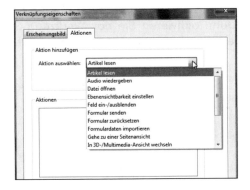

Abb. 4.27: Weitere Aktionen hinzufügen

Nachdem Sie eine Aktion ausgewählt haben, müssen Sie auf die Schaltfläche *Hinzufügen* klicken und gegebenenfalls ein paar weitere Parameter für die Aktion einstellen.

Wenn Sie die Verknüpfung angelegt haben, können Sie diese – nachdem Sie das *Auswahlwerkzeug für Text und Bilder* aktiviert haben – verwenden.

Dazu bewegen Sie einfach den Mauszeiger innerhalb des Verknüpfungsrahmens und klicken einmal mit der Maus.

Abb. 4.28: Eine Website durch die Verknüpfung aufrufen

Schaltfläche

Eine Schaltfläche arbeitet ähnlich wie eine Verknüpfung, d.h., es lassen sich Aktionen zuweisen. Sie ist aber durch ihr Aussehen auffälliger.

Im Folgenden soll eine Schaltfläche zum Ausdrucken des PDFs erstellt werden.

Suchen Sie zunächst die Seite auf, auf der Sie die Schaltfläche platzieren wollen. Dann aktivieren Sie das Werkzeug *Schaltfläche* und ziehen an der betreffenden Stelle einen Rahmen auf.

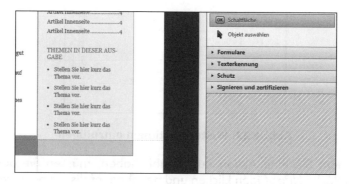

Abb. 4.29: Eine Schaltfläche anlegen

Wie Sie sehen, werden Sie dabei durch Hilfslinien unterstützt, die Ihnen das genaue Anordnen erleichtern.

Nachdem Sie die Maustaste losgelassen haben, erscheint die Schaltfläche und ein kleines Eingabefenster, in dem Sie gleich einen Feldnamen für die Schaltfläche vergeben können.

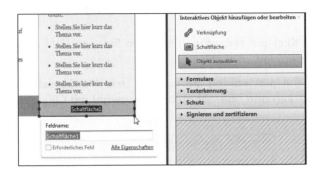

Abb. 4.30: Die Schaltfläche beschriften

Die Aktion weisen Sie nun durch einen Klick auf den Link *Alle Eigenschaften* zu. Dadurch wird das Dialogfenster *Schaltfläche - Eigenschaften* geöffnet und Sie können in der Registerkarte *Aktionen* über die Liste *Aktion auswählen* den Eintrag *Menübefehl ausführen* anwählen.

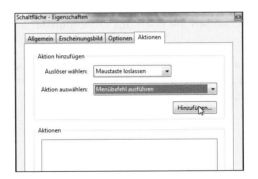

Abb. 4.31: Die Aktion festlegen

Inhalte strukturieren und bearbeiten

Zunächst sollten Sie allerdings in der Registerkarte *Optionen* in der Gruppe *Symbol und Beschriftung* im Feld *Beschriftung* eine ebensolche für die Schaltfläche eingeben. Diese erscheint dann auf der Schaltfläche. Der Feldname dient nämlich nur zur inneren Verwaltung der Aktion und wird nicht angezeigt.

Mit einem Klick auf *Hinzufügen* erhalten Sie eine Liste aller Befehle, die Sie auswählen können.

Für unser Beispiel wählen Sie aus der Liste *Menübefehl* den Befehl *Datei>Drucken* und übernehmen die Auswahl mit *OK*.

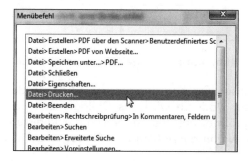

Abb. 4.32: Den Befehl auswählen

Abschließend schließen Sie noch das Dialogfenster *Schaltfläche - Eigenschaften*.

Nun können Sie die Schaltfläche gleich einmal ausprobieren. Nach einem Klick mit aktiviertem *Auswahlwerkzeug für Text und Bilder* darauf, sollte der *Drucken*-Dialog erscheinen.

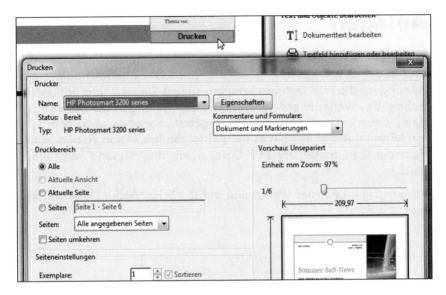

Abb. 4.33: Es klappt!

Objekt auswählen

Wenn Sie Objekte, wie beispielsweise eine Schaltfläche, nachträglich verändern wollen, müssen Sie diese zunächst auswählen. Das erfolgt mit dem Werkzeug *Objekt auswählen*.

Abb. 4.34: Eine Schaltfläche auswählen

Nachdem Sie es aktiviert haben, platzieren Sie es über dem betreffenden Objekt und anschließend können Sie beispielsweise das Kontextmenü aufrufen, um die *Eigenschaften* zu ändern.

Inhalte strukturieren und bearbeiten

Anlagen

Wenn Sie des Öfteren eine PDF-Datei aktualisieren (müssen) und dies in der Ursprungsdatei geschieht, dann ist es hilfreich, diese als Anhang an die PDF-Datei zu hängen, sodass Sie sie sofort griffbereit haben. Des Weiteren ermöglich Ihnen das Anhängen der Ursprungs-datei, diese auch an andere weiterzugeben, damit diese sie bearbei-ten können. Allerdings gilt es bei der folgenden Aktion zu beachten, dass die Dateigröße der PDF-Datei durch den Anhang vergrößert wird.

Klicken Sie im Fenster *Werkzeuge* auf die Schaltfläche *Datei anhän-gen*.

Abb. 4.35: Eine Datei anhängen

Im folgenden Dialogfenster wählen Sie die gewünschte Datei aus und bestätigen mit *Öffnen*.

Diese Datei wird daraufhin im Navigationsbereich *Anlagen* aufgelis-tet (siehe Abbildung 4.36).

Eine solche angehängte Datei kann nun mithilfe der Schaltflächen bearbeitet werden.

Soll die Datei in der Ausgangsanwendung geöffnet werden, dann kli-cken Sie die erste Schaltfläche *Datei in Ausgangsanwendung öffnen* an. Die Datei wird dann – sofern die Software auf dem betreffenden Rechner installiert ist – im Ursprungsformat geöffnet und kann dem-entsprechend bearbeitet werden (siehe Abbildung 4.37).

Abb. 4.36: Die neu angehängte Datei

Abb. 4.37: Den Anhang in der Ausgangsanwendung öffnen

Soll die Datei gesichert werden, dann klicken Sie auf die Schaltfläche *Anlage speichern* und wählen den Speicherort an.

Eine weitere Anlage fügen Sie mit der dritten Schaltfläche *Neue Anlage hinzufügen* an und falls Sie eine Anlage entfernen wollen, dann klicken Sie auf die Schaltfläche *Anlage löschen*.

Acrobat ermöglicht auch das Durchsuchen der Anlage. Dazu wählen Sie die letzte Schaltfläche *Anlage durchsuchen* und geben im Fenster *Erweiterte Suche* den zu suchenden Begriff ein.

5 Inhalte kommentieren

Ziele

➪ Mit mehreren zusammen ein PDF-Dokument bearbeiten und Informationen austauschen

Schritte zum Erfolg

➪ Kommentare aller Art erstellen

➪ Grafikmarkierungen anbringen

➪ Kommentare verwalten

➪ PDF-Dokumente per E-Mail-Versand bearbeiten

Gerade wenn man ein längeres Dokument bearbeitet oder mit mehreren ein solches erstellt, wird man schnell die Kommentierungsfunktion zu schätzen wissen. Diese ermöglicht es nämlich, ein PDF-Dokument mit Anmerkungen zu versehen, die man früher auf den Ausdruck oder einen kleinen gelben Klebezettel geschrieben hätte. Einer der entscheidenden Vorteile dabei ist, dass das Dokument nicht verändert wird, sondern dass – sozusagen auf einer zweiten Ebene – lediglich die Anmerkungen hinzugefügt und auch wieder entfernt werden können.

In Acrobat X sind die gesamten Kommentierungsfunktionen im Arbeitsbereich *Kommentar* auf der rechten Seite zusammengefasst.

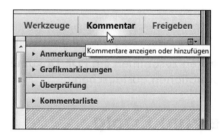

Abb. 5.1: Die Kommentarfunktionen

Kommentare erstellen

Acrobat unterscheidet zwischen Textanmerkungen und solchen, die auf Grafiken und Bildern angebracht werden. Dementsprechend finden Sie auch zwei Bereiche: *Anmerkungen* und *Grafikmarkierungen*.

Textkommentare

Wenn Sie textbezogene Kommentare hinzufügen möchten, müssen Sie zunächst den Bereich *Anmerkungen* aufblenden. Klicken Sie dazu einfach auf den nach unten weisenden Pfeil, um an die entsprechenden Werkzeuge zu gelangen.

Abb. 5.2: Die Kommentarwerkzeuge einblenden

Die Funktionsweise dieser Werkzeuge gleicht sich. Im Folgenden werden Sie einige häufiger benötigte Kommentierungswerkzeuge kennenlernen.

Notiz hinzufügen

Am häufigsten werden Sie wohl das Werkzeug *Notiz hinzufügen* verwenden. Mit dessen Hilfe können Sie an einer beliebigen Stelle eine Notiz anbringen, die einem der berühmten gelben Klebezettel ähnelt.

Klicken Sie das Symbol des Werkzeugs *Notiz hinzufügen* an und führen Sie den veränderten Mauszeiger an die Stelle, an der die Notiz erscheinen soll.

Abb. 5.3: Eine Notiz anlegen

Dort angekommen, klicken Sie einmal mit der Maus.

An dieser Stelle wird nun ein Textfeld in Form besagter kleiner, gelber Haftzettel eingeblendet. Im oberen Teil finden Sie den Namen des Kommentartors, den sich das Programm aus der Identitätsangabe der Voreinstellungen (Menü *Bearbeiten / Voreinstellungen*, Kategorie *Identität*) gezogen hat. Zusätzlich wurden das gegenwärtige Datum und die Zeit erfasst.

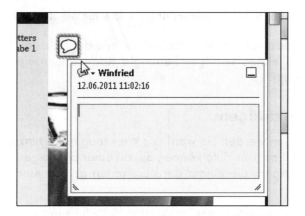

Abb. 5.4: Der Notizzettel wartet auf Ihre Eingaben

Im unteren Bereich geben Sie nun die gewünschte Notiz ein.

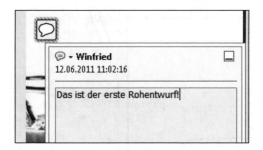

Abb. 5.5: Die Notiz eingeben

Falls Ihnen der Bereich nicht ausreicht, können Sie den Zettel durch Ziehen an den beiden unteren Ecken vergrößern.

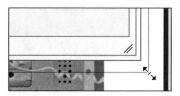

Abb. 5.6: Gegebenenfalls den Zettel vergrößern

Haben Sie die Notiz eingegeben, können Sie das Fenster schließen. Dazu klicken Sie auf das Symbol am oberen rechten Rand.

Dadurch wird die Notiz geschlossen und nur noch durch ein entsprechendes Symbol dargestellt. Wenn Sie auf dieses Symbol den Mauszeiger bewegen, wird Ihnen der Inhalt in einer kleinen QuickInfo angezeigt.

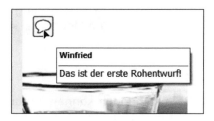

Abb. 5.7: Die Notiz wird nur noch als Symbol dargestellt

Möchten Sie die Notiz wieder bearbeiten, dann führen Sie einfach einen Doppelklick auf das Symbol aus.

Wenn Sie die Position des Symbols oder des Notizzettels verändern wollen, verschieben Sie diese ganz einfach mit gedrückter Maustaste.

Text hervorheben

Möchte man auf einem Ausdruck eine Textpassage hervorheben, verwendet man oft einen Textmarker. Dieses Hilfsmittel können Sie auch für Ihre PDF-Dokumente einsetzen.

Klicken Sie dazu auf das Werkzeug *Text hervorheben* und ziehen Sie mit gedrückter Maustaste über die Stelle, die Sie markieren wollen.

Abb. 5.8: Eine Textstelle markieren

Datei anhängen

Mit dem Werkzeug *Datei anhängen* können Sie an einer beliebigen kommentierbaren Stelle eine beliebige Datei hinzufügen.

Nachdem Sie das Werkzeug ausgewählt haben, nimmt es die Form eines Pins an.

Abb. 5.9: Die Stelle für den Dateianhang aussuchen

Suchen Sie damit die Stelle auf, an der die Anlage eingefügt werden soll, und führen Sie dort einen Klick aus.

Im folgenden Dialogfenster wählen Sie die anzuhängende Datei aus und bestätigen mit *Öffnen*.

Sie erhalten nun das Dialogfenster *Dateianlage - Eigenschaften* und können in der Registerkarte *Erscheinungsbild* in der Liste *Symbol* das Zeichen aussuchen, welches den Anhang darstellen soll.

Abb. 5.10: Das Aussehen und die Eigenschaften der Anlage bestimmen

Mit einem Klick auf *OK* schließen Sie die Arbeiten ab.

Wenn Sie zu einem späteren Zeitpunkt diese Anlage öffnen möchten, dann führen Sie mit aktiviertem *Auswahlwerkzeug für Text und Bilder* einen Doppelklick auf das kleine Notizzeichen aus. Daraufhin erhalten Sie einen entsprechenden Warnhinweis. Können Sie der Quelle vertrauen, dann belassen Sie es bei der vorgegebenen Option und bestätigen mit *OK* (siehe Abbildung 5.11).

Sofort wird die Datei in der entsprechenden Anwendung – die natürlich auf dem Rechner installiert sein muss – geöffnet.

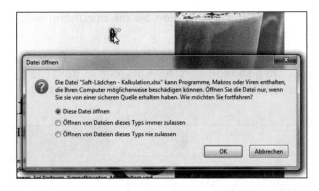

Abb. 5.11: Ein Hinweis, den es zu beachten gilt

Audio aufzeichnen

Eine elegante und bequeme Art, eine PDF-Datei zu kommentieren, ist die Aufnahme eines gesprochenen Kommentars oder das Anhängen einer Sounddatei.

Klicken Sie auf die Schaltfläche *Audio aufzeichnen* und bewegen Sie den veränderten Mauszeiger an die Stelle, an der der Kommentar platziert werden soll.

Abb. 5.12: Einen Audiokommentar anlegen

Wenn Sie dort klicken, erscheint das Aufnahmefenster des *Audio-Recorder*.

Klicken Sie auf die Schaltfläche *Aufnahme* und beginnen Sie mit dem Kommentar.

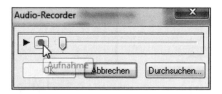

Abb. 5.13: Einen Kommentar aufnehmen

Sind Sie fertig, klicken Sie auf OK.

Im folgenden Dialogfenster können Sie noch ein Symbol für den Audiokommentar aussuchen.

Wenn Sie es geschlossen haben, finden Sie das entsprechende Symbol und können nun mit einem Doppelklick darauf den Kommentar abfahren und anhören.

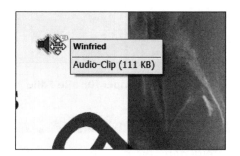

Abb. 5.14: Den Kommentar anhören

Stempel

Stempel ermöglichen es, schnell und präzise eine bestimmte Botschaft ohne viele Worte zu übermitteln. Prangt an einem Dokument die Nachricht *Abgelehnt* oder *Angenommen*, dann bedarf es keiner weiteren Worte, um klarzumachen, was gemeint ist.

Mit Acrobat können Sie ein PDF-Dokument mit einem solchen Stempel versehen.

Klicken Sie zunächst auf den Listenpfeil des Werkzeugs *Stempel hinzufügen*, um die verschiedenen Möglichkeiten zu betrachten.

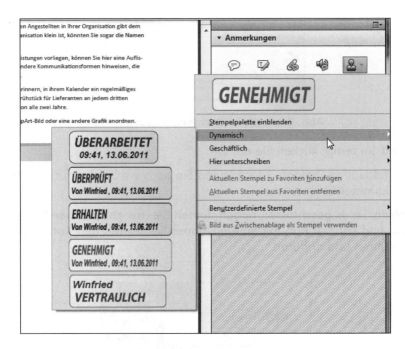

Abb. 5.15: Stempel für alle Fälle

TIPP ⚠️

Wenn Sie einen eigenen Stempel kreieren wollen, dann wählen Sie den Menüpunkt *Benutzerdefinierter Stempel*.

Nachdem Sie sich für einen Stempel entschieden haben, klicken Sie darauf. Dann bewegen Sie den nunmehr veränderten Cursor an die Stelle, an der der Stempel erscheinen soll, und klicken dort einmal.

Textkorrekturen

Mit den Werkzeugen in der zweiten Reihe können Sie Textkorrekturen anbringen.

Abb. 5.16: Die Optionen zur Textkorrektur

Mit dem ersten Werkzeug *Text an Cursorposition einfügen* können Sie eine Textpassage ähnlich wie mit einem Notizfeld versehen und entsprechende Anmerkungen anbringen.

Mit der zweiten Schaltfläche *Ersetzen* können Sie Text ändern.

Dazu markieren Sie zunächst die Textpassage und klicken dann auf das Werkzeug.

Der Text wird nun durchgestrichen dargestellt und Sie können den Änderungsvorschlag in das kleine Infofenster eintragen.

Abb. 5.17: Eine Änderung anbringen

Möchten Sie vorschlagen, dass eine Textpassage zu streichen ist, dann markieren Sie diese und klicken dann auf die Schaltfläche *Durchstreichen*.

Abb. 5.18: Text zum Streichen vorschlagen

Grafikmarkierungen

Die zweite Art der Kommentierung bezieht sich auf Grafiken. Die entsprechenden Werkzeuge erhalten Sie durch Anklicken des kleinen Pfeils vor der Kategorie *Grafikmarkierungen*.

Diese Werkzeuge arbeiten analog zu den *Anmerkungen*-Werkzeugen.

Abb. 5.19: Die Grafikmarkierungen auf einem Blick

Textfelder und Textlegenden

Das Werkzeug *Textlegende hinzufügen* nimmt wie das Werkzeug *Textfeld hinzufügen* dahingehend eine Sonderstellung ein, als dass Sie beschreibende Informationen hinzufügen können.

Wenn Sie beispielsweise zu einer Grafik oder einem Foto eine Anmerkung machen wollen, dann verwenden Sie idealerweise das Werkzeug *Textlegende hinzufügen*.

Nachdem Sie das Werkzeug ausgewählt haben, klicken Sie an die Stelle, an der Sie die Legende anbringen wollen, und ziehen ein bisschen mit gedrückter Maustaste von dem Ort weg.

Es erscheint ein Textfeld, das mit einem Pfeil verbunden ist, der auf die erste Stelle zeigt, an der Sie geklickt hatten. In das Textfeld geben Sie nun den kommentierenden Text ein.

Abb. 5.20: Eine Textlegende anbringen

Möchten Sie nachträglich die Legende ändern, dann aktivieren Sie das *Auswahlwerkzeug für Text und Bilder* und klicken darauf. Dadurch erscheinen die Markierungsquadrate, mit deren Hilfe Sie die gewünschten Änderungen vornehmen können.

Zeigen Sie einfach auf eines der Markierungsquadrate und ziehen Sie es an die neue Position.

Abb. 5.21: Die Legende anpassen

Wenn Sie den Mauszeiger innerhalb der Legende positionieren, können Sie diese mit gedrückter Maustaste verschieben.

Grafische Markierungen

Die weiteren Symbole sind unter dem Sammelbegriff *Grafikmarkierungen* zusammenzufassen. Mit Ihnen lassen sich beispielsweise Markierungen anbringen, die etwas verdeutlichen sollen oder mit denen man auf etwas besonders hinweisen möchte.

Beispielsweise können Sie mithilfe des Werkzeugs *Oval zeichnen* auf einem Bild auf ein bestimmtes Detail hinweisen, indem Sie es einfach mit einem Oval versehen.

Dazu ziehen Sie einfach mit aktiviertem Werkzeug um das Detailobjekt ein Oval auf. Soll es ein Kreis sein, dann halten Sie dabei die ⇧-Taste gedrückt.

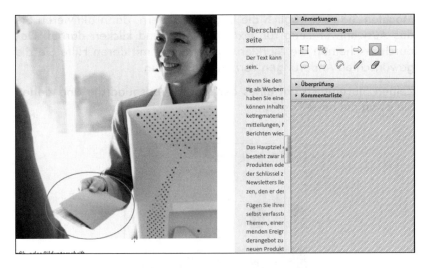

Abb. 5.22: Auf Details hinweisen

Kommentare verwalten

Acrobat bietet Ihnen zahlreiche Möglichkeiten, Ihre Kommentare zu verwalten.

Kommentare verändern

Ein einmal angelegter Kommentar ist nicht für die Ewigkeit gedacht. Sie können jederzeit einen Kommentar korrigieren, verändern oder erweitern. Dabei verfügt jede Kommentarart über spezifische Eigenschaften, die Sie verändern können.

Um etwa den Text einer Notiz zu verändern, klicken Sie einfach in den Kommentar hinein und nehmen die üblichen Veränderungsschritte vor.

Abb. 5.23: Einen Kommentar ergänzen

Weitere Veränderungen können Sie am Kommentar selbst über das Optionenmenü vornehmen. Dazu klicken Sie auf den Listenpfeil des Notizensymbols und wählen anschließend den gewünschten Menüpunkt aus.

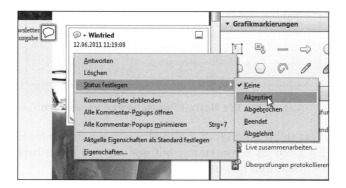

Abb. 5.24: Möglichkeiten des Optionenmenüs

Beispielsweise können Sie den *Status festlegen*, d.h. direkt auf einen Kommentar antworten.

Entscheiden Sie sich etwa für den Menüeintrag *Akzeptiert*, dann wird der Kommentar in der Statusleise mit einem kleinen grünen Haken versehen.

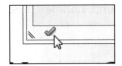

Abb. 5.25: Der Kommentar geht klar

Haben Sie den Menüpunkt *Eigenschaften* angewählt, dann können Sie im folgenden Dialogfenster *Notiz-Eigenschaften* zum Beispiel das *Erscheinungsbild* verändern und etwa ein anderes *Symbol* oder eine andere *Farbe* wählen.

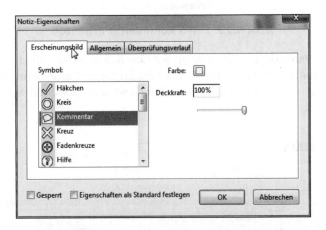

Abb. 5.26: Die Notiz-Eigenschaften verändern

Um den Text selbst zu ändern, beispielsweise um ihn zu formatieren, klicken Sie nach dem Markieren mit der rechten Maustaste in den Text und wählen den gewünschten *Textstil* aus.

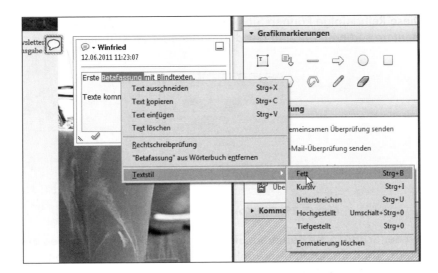

Abb. 5.27: Den Text einer Notiz formatieren

Kommentarliste

Möchten Sie sich einen Überblick über alle Kommentare eines PDF-Dokuments verschaffen, dann werfen Sie einen Blick in die Kommentarliste am rechten Rand.

Klicken Sie dazu gegebenenfalls auf den Listenpfeil vor *Kommentarliste*, um die Liste aufzublenden.

Wie Sie sehen, werden standardmäßig alle Kommentare nach Seitennummern sortiert aufgelistet.

Abb. 5.28: Alle Kommentare auf einen Blick

Diese Reihenfolge können Sie nach Anklicken der Schaltfläche *Kommentare sortieren* anhand der dort angegebenen Kriterien ändern.

Abb. 5.29: Die Kommentare umsortieren

Mit der Schaltfläche daneben, Sie trägt die Bezeichnung *Kommentare filtern*, können Sie die Auswahl der Kommentare einschränken und beispielsweise nur Notizen anzeigen lassen.

Und über das Listenfeld *Suchen* können Sie die Kommentare nach jedem beliebigen Wort durchsuchen.

Um einen Kommentar zu entfernen, klicken Sie einfach mit der rechten Maustaste darauf und wählen den Kontextmenüeintrag *Löschen*.

PDF-Dokumente überprüfen

Der entscheidende Vorteil an der Kommentierungsfunktion von Acrobat ist, dass Leser der PDF-Datei diese mithilfe der Kommentierungswerkzeuge mit entsprechenden Anmerkungen versehen und Ihnen wieder übermitteln können.

Die Möglichkeiten zur *Überprüfung* finden Sie in dem gleichnamigen Bereich.

TIPP

Die Varianten *Zur gemeinsamen Überprüfung senden* und *Live zusammenarbeiten* setzen voraus, dass beide Seiten entweder auf einen Netzwerkserver zugreifen können oder über den Adobe-Server mittels einer Adobe-ID kommunizieren können.

Abb. 5.30: Die Überprüfungsmöglichkeiten

In der Praxis dürfte die Variante *Zur E-Mail-Überprüfung senden* die häufigste sein, weil Sie außer dem allgegenwärtigen E-Mail-Zugang lediglich auf Empfängerseite noch Acrobat benötigen.

TIPP

Nur Anwender der Version Adobe Acrobat Professional können die Kommentierungsfunktion für den (kostenlosen) Acrobat Reader freischalten.

Um jemandem ein PDF-Dokument per E-Mail zur Überprüfung zu senden, führen Sie zunächst einen Klick auf die Schaltfläche aus.

Anschließend werden Sie dialoggesteuert durch drei Schritte geführt.

Im ersten Fenster, *Erste Schritte*, werden Sie darüber informiert, welche Möglichkeiten sich Ihnen bieten. War die zu überprüfende Datei bereits geladen, dann wird sie bereits aufgelistet. Andernfalls müssen Sie auf die Schaltfläche *Durchsuchen* klicken und den Speicherort besagter Datei eingeben.

Mit *Weiter* gelangen Sie ins nächste Fenster, in dem Sie den *Überprüfer einladen*. Dazu fügen Sie entweder mithilfe der Schaltfläche *Adressbuch* die Adresse ein oder tragen die Adresse(n) von Hand ein.

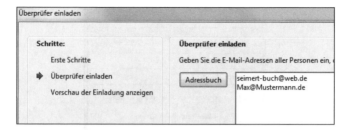

Abb. 5.31: Den oder die Überprüfer einladen

Mit *Weiter* gelangen Sie ins letzte Fenster, das Ihnen eine Vorschau der Einladung anzeigt.

An dieser Stelle können Sie den *Betreff* und die *Nachricht* übernehmen oder gegebenenfalls ändern.

Ist alles zu Ihrer Zufriedenheit, dann klicken Sie auf die Schaltfläche *Einladung zusenden*, um die E-Mails rauszuschicken.

Nun erhalten Sie noch den Hinweis, dass an Ihre Standard-E-Mail-Anwendung eine Nachricht mit der PDF-Datei als Anlage übergeben wurde und dass Sie darauf achten müssen, ob Ihr Mailprogramm die Nachrichten automatisch versendet oder ob Sie das manuell bewerkstelligen müssen.

Schließen Sie dieses Fenster noch mit *OK*.

Nachdem der Empfänger die PDF-Datei bearbeitet und Ihnen zurückgeschickt hat, erhalten Sie eine entsprechende E-Mail (siehe Abbildung 5.32).

Führen Sie nun einen Doppelklick auf den Anhang aus, erscheint ein Fenster, das Sie fragt, ob Sie die Kommentare zusammenführen wollen.

Wenn Sie mit *Ja* bestätigen, dann werden die Änderungen mit Ihrem bisherigen Dokument zusammengeführt (siehe Abbildung 5.33).

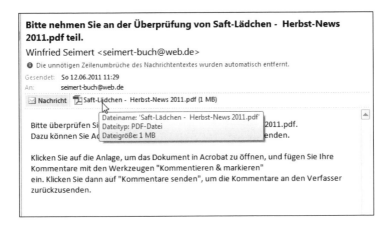

Abb. 5.32: Das Dokument wurde überprüft (hier E-Mail-Programm Outlook)

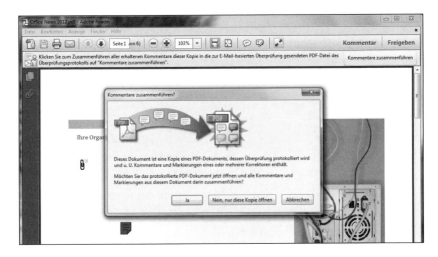

Abb. 5.33: Die Kommentare zusammenführen

6 Formulare

Ziele

⇨ Schneller und sicherer Daten eingeben

⇨ Vorhandene Dateien als Formulare verwenden

⇨ Vorlagen aus Papier in elektronische Formulare umwandeln

Schritte zum Erfolg

⇨ Vorhandene Dokumente in ein Formular umwandeln

⇨ Vorlagen aus Papier einscannen und durch die Formularerkennung laufen lassen

⇨ Eingescannte Formulare korrigieren und anpassen

⇨ Formulare per E-Mail versenden und beantworten (lassen)

⇨ Formulare am PC ausfüllen

Formulare erleichtern das Weitergeben von Informationen, weil der Anwender lediglich ein paar Felder ausfüllen oder ein paar Angaben bestätigen muss.

Mit Adobe Acrobat sind Formulare rasch erstellt, denn dazu muss lediglich eine vorhandene Datei umgewandelt oder eine Vorlage aus Papier eingescannt werden.

Klicken Sie im Startdialog auf den Link *PDF-Formular erstellen.*

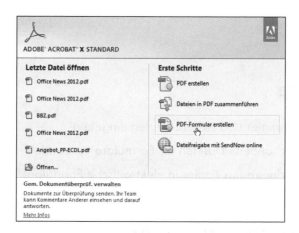

Abb. 6.1: Ein PDF-Formular erstellen

Sie erhalten ein Dialogfenster, in dem Sie die Quelle für Ihr Formular auswählen müssen. Hierbei stehen Ihnen zwei grundlegende Wege offen: Sie wählen ein bereits vorhandenes Formular aus oder Sie scannen ein vorhandenes Papierformular ein.

Abb. 6.2: Wählen Sie die Quelle aus

Vorhandenes Dokument verwenden

Sie können aus jeder bereits vorhandenen PDF-, Word-, Excel- oder sonstigen Datei ein Formular erstellen. Allerdings müssen dazu von Acrobat Eingabefelder erkannt werden, die dann anschließend vom Programm umgewandelt werden.

Dokument umwandeln

Um ein Formular aus dem aktuell geöffneten Dokument oder einer auszuwählenden Datei zu erstellen, belassen Sie es im Dialogfenster *Formular erstellen oder bearbeiten* bei der ersten Option und klicken auf die Schaltfläche *Weiter*.

Haben Sie das Dokument bislang nicht geöffnet, dann klicken Sie auf die Schaltfläche *Durchsuchen* und stellen den Speicherort besagter Datei ein.

Abb. 6.3: Eine vorhandene Datei auswählen

Nach einem Klick auf *Weiter* startet die Umwandlung und zeigt Ihnen den Fortschritt in einem Hinweisfenster an.

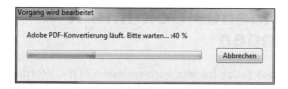

Abb. 6.4: Die Umwandlung läuft

Nachdem die Umwandlung abgeschlossen ist, wird das Formular im Acrobat-Fenster angezeigt und Sie erhalten den Hinweis, dass das Formular bereits durchsucht wurde und die Formularfelder automatisch erkannt wurden.

Abb. 6.5: Das umgewandelte Formular

Sie befinden sich gegenwärtig im *Formularbearbeitungsmodus*, was Ihnen auch gleich durch ein kleines Hinweisfenster kundgetan wird.

In diesem sind die Felder anhand ihrer farbigen Markierung leicht erkennbar und können von Ihnen bearbeitet werden.

Schließen Sie dieses Hinweisfenster mit einem Klick auf *OK*.

Zwischen dem Formularbearbeitungs- und dem Formularmodus schalten Sie über die entsprechende Schaltfläche *Vorschau* bzw. *Bearbeiten* in der Werkzeugleiste hin und her. Befinden Sie sich im Bearbeitungsmodus, werden Ihnen in der Aufgabenleiste die Schaltflächen zum Einfügen weiterer Formularbestandteile angezeigt.

Abb. 6.6: Vom Bearbeitungsmodus in den Formularmodus wechseln

Befinden Sie sich im Formularmodus, dann erhalten Sie unterhalb der Werkzeugleisten einen entsprechenden Hinweis eingeblendet, wie man vorzugehen hat.

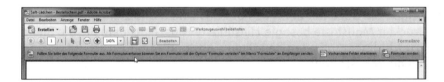

Abb. 6.7: Der Hinweis im Formularmodus

An dieser Stelle können Sie auch über die Schaltfläche *Vorhandene Felder markieren* die auszufüllenden Felder leichter auffindbar machen.

Formular anpassen

Die automatische Erkennung führt nicht immer zu einem optisch befriedigenden Ergebnis. Sie können jedoch die Formularfelder problemlos anpassen.

Um die Breite eines Feldes zu verringern oder zu vergrößern, klicken Sie mit dem Mauszeiger in das Feld, damit die Anfasser gezeigt werden.

Über den linken bzw. rechten mittleren Anfasser können Sie nun das Feld auf die gewünschte Größe bringen.

Zeigen Sie mit der Maus darauf. Wenn der Cursor die Form eines geteilten Doppelstrichs mit Doppelpfeil annimmt, ziehen Sie den Anfasser in die gewünschte Richtung.

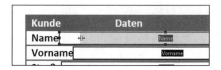

Abb. 6.8: Ein Feld anpassen

Über den oberen bzw. unteren mittleren Anfasser können Sie die Höhe verändern. Möchten Sie beide Schritte zusammenfassen, dann verwenden Sie die Eckanfasser.

Möchten Sie mehrere Felder aneinander anpassen, dann ist es hilfreich, mit Hilfslinien zu arbeiten.

Zeigen Sie dazu mit der Maus auf das Lineal und ziehen Sie mit gedrückter Maustaste besagte Hilfslinie heraus. Nachdem Sie die Stelle erreicht haben, die den benötigten Abstand vom Feld schafft, lassen Sie die Maustaste los.

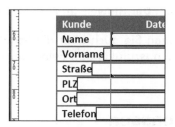

Abb. 6.9: Eine Hilfslinie einsetzen

Das Ausrichten der Felder ist nun ganz einfach zu bewerkstelligen.

Zeigen Sie einfach auf den mittleren Anfasser und ziehen Sie ihn an die Hilfslinie heran.

Wie Sie bemerken, wird in der Nähe der Hilfslinie das Feld an diese herangezogen, sodass die Ausrichtung rasch erledigt ist.

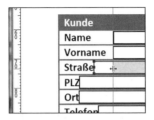

Abb. 6.10: Felder mithilfe von Hilfslinien ausrichten

Wenn Sie fertig sind, ziehen Sie die Hilfslinie einfach wieder auf das Lineal zurück.

Eine weitere Möglichkeit, Felder auszurichten, finden Sie im Kontextmenü.

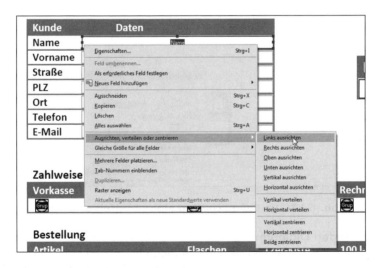

Abb. 6.11: Felder aneinander ausrichten

Markieren Sie zunächst alle Felder, die Sie ausrichten wollen. Klicken Sie dann innerhalb einer Markierung mit der rechten Maustaste. Im Kontextmenü finden Sie den Eintrag *Ausrichten, verteilen oder zentrieren*. Nun wählen Sie nur noch die gewünschte Ausrichtungsart aus dem Untermenü und schon sind die Formularelemente ausgerichtet.

Felder anpassen

Gleichfalls können Sie auch die Felder an Ihre Bedürfnisse anpassen.

Die meisten Felder, mit denen Sie es bei der Formularerkennung zu tun haben, sind Textfelder. Diese beschreiben den Platz in dem Formular, der später von dem Leser ausgefüllt werden kann und soll. Die dort gemachten Eingaben werden dann dem Formularempfänger übermittelt bzw. ausgedruckt.

Um die Eigenschaften eines Textfeldes – wie auch jedes anderen Formularfeldes – zu ändern, klicken Sie in der Kategorie *Felder* mit der rechten Maustaste auf das entsprechende Formularfeld und wählen den Eintrag *Eigenschaften* aus.

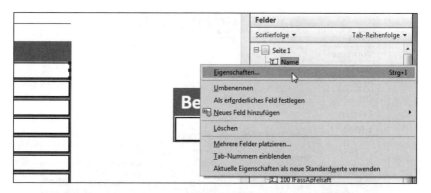

Abb. 6.12: Die Eigenschaften eines Textfeldes ändern

Im folgenden Dialogfenster *Textfeld - Eigenschaften* können Sie nun beispielsweise in der Registerkarte *Allgemein* im Feld *Name* eine aussagekräftige Bezeichnung eingeben. So lässt sich das Feld leichter finden, zumal Sie dann später auch leichter auf den Feldinhalt zugreifen können.

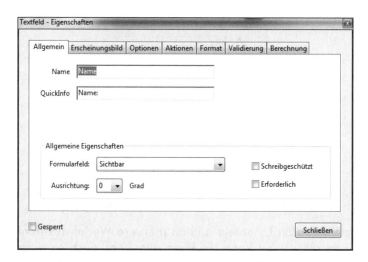

Abb. 6.13: Das Dialogfenster *Textfeld - Eigenschaften*

Das Aussehen des Feldes können Sie über die Einstellungen der Registerkarte *Erscheinungsbild* ändern.

Felder einfügen

Unabhängig von der Erkennung können Sie vorhandene Felder löschen oder ersetzen oder neue einfügen.

Die möglichen Felder finden Sie in der Kategorie *Aufgaben* in der Liste, die Sie nach Anklicken der Schaltfläche *Neues Feld hinzufügen* erhalten.

Im Einzelnen können Sie mit den Werkzeugen folgende Felder einfügen:

⇨ *Textfeld*: Dieses Werkzeug definiert die Bereiche, in denen der Leser des Formulars individuelle Eingaben tätigen kann.

⇨ *Kontrollkästchen*: Kontrollkästchen ermöglichen die Auswahl mehrerer Werte gleichzeitig.

⇨ *Optionsfeld*: Im Gegensatz zu den Kontrollkästchen kann innerhalb einer Optionsfeldgruppe immer nur eine Auswahl getroffen werden.

Formulare

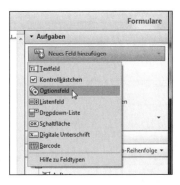

Abb. 6.14: Ein Optionsfeld erstellen

▷ *Listenfeld*: Ein Listenfeld enthält mehrere Werte, aus dem man einen auswählen kann. Es kann allerdings auch so eingestellt werden, dass man mit gedrückter ⟨Strg⟩- oder ⟨⇧⟩-Taste mehrere Listenwerte auswählen kann.

▷ *Dropdown-Liste*: Bei einer solchen Liste werden die Auswahlmöglichkeiten in einer ausklappbaren Liste angeboten. Zusätzlich kann der Anwender aber auch eigene Werte eingeben.

▷ *Schaltfläche*: Eine Schaltfläche ermöglicht das Starten einer bestimmten Aktion. Auf diese Art und Weise kann man dem Leser weitere Informationen auf einer Internetseite bieten oder ihm das schnelle Ausdrucken ermöglichen.

▷ *Digitale Unterschrift*: Dieses Werkzeug erstellt Felder, in denen der Anwender eine digitale Signatur einfügen kann.

▷ *Barcode*: Mit diesem Werkzeug kann ein Barcode-Feld zum Verschlüsseln der Daten, die Benutzer des Formulars eingeben, hinzugefügt werden.

Im Folgenden werden Sie die Arbeitsweise der am häufigsten verwendeten Felder kennenlernen.

Optionsfelder

Optionsfelder kommen immer dann zum Einsatz, wenn man zwischen mehreren Möglichkeit wählen kann.

Im konkreten Beispiel soll der Besteller aus drei verschiedenen Zahl-varianten wählen können.

Dazu müssen Sie zunächst das erkannte Textfeld markieren und mit einem Druck auf [Entf] löschen.

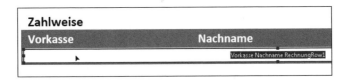

Abb. 6.15: Ein vorhandenes Feld löschen

Um das Werkzeug zum Erstellen des Optionsfeldes zu aktivieren, wechseln Sie in den Bereich *Formulare* und klicken in der Kategorie *Aufgaben* auf den Listenpfeil der Schaltfläche *Neues Feld hinzufügen*.

Bewegen Sie sich mit dem veränderten Mauszeiger an die Stelle, an der das Optionsfeld platziert werden soll. Die beiden gestrichelten Ausrichtungslinien helfen Ihnen dabei, das Feld optimal auszurich-ten.

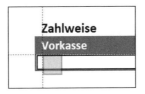

Abb. 6.16: Das Optionsfeld platzieren

Haben Sie die gewünschte Stelle erreicht, klicken Sie einmal mit der Maustaste.

Das Optionsfeld wird erstellt und ein kleines Eigenschaftenfenster wird eingeblendet. In diesem geben Sie im Feld *Optionsfeldauswahl* einen Namen für das Optionsfeld ein und im Feld *Gruppennamen* tragen Sie den Gruppenamen ein, der für alle Optionsfelder gilt.

Abb. 6.17: Das Optionsfeld definieren

Dropdown-Liste

Eine Dropdown-Liste ermöglicht die rasche Auswahl aus einer Anzahl an Vorgaben.

Nachdem Sie das Werkzeug *Dropdown-Liste* ausgewählt und damit an gewünschter Stelle geklickt haben, vergeben Sie zunächst wieder einen Feldnamen.

Abb. 6.18: Ein Dropdown-Feld erstellen

Um nun die Liste zu bestücken, klicken Sie auf den Link *Alle Eigenschaften*, wonach sich das entsprechende Dialogfenster öffnet.

In diesem wechseln Sie auf die Registerkarte *Optionen* und tragen nun im Feld *Element* den Namen ein, der in der Liste erscheinen soll. Im Feld *Exportwert* tragen Sie den Wert ein, der bei der Übertragung der Daten übermittelt werden soll. Die Eingabe beenden Sie mit einem Klick auf *Hinzufügen*. Danach verfahren Sie mit allen Listenwerten ebenso.

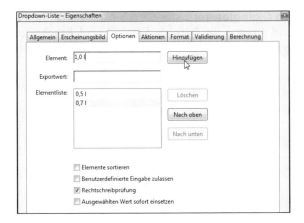

Abb. 6.19: Die Liste bestücken

Falls Sie möchten, können Sie mithilfe den Schaltflächen *Nach oben* oder *Nach unten* in der *Elementliste* die Reihenfolge ändern.

Mit einem Klick auf *Schließen* beenden Sie die Eingaben.

Schaltfläche

Mithilfe einer Schaltfläche können Sie dem Anwender bequem die Möglichkeit verschaffen, eine Aktion zu starten, die etwa weiterführende Informationen im Internet aufruft.

Nachdem Sie die Schaltfläche platziert haben, sollten Sie sie zunächst mit einem entsprechenden *Feldnamen*, sprich einer Bezeichnung, versehen.

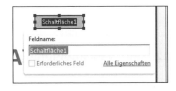

Abb. 6.20: Tragen Sie eine aussagekräftige Bezeichnung ein

Anschließend klicken Sie auf die Schaltfläche *Alle Eigenschaften*.

Im folgenden Dialogfenster aktivieren Sie zunächst die Registerkarte *Optionen* und tragen im Bereich *Symbol und Beschriftung* im Feld *Beschriftung* einen entsprechenden Hinweis ein.

Abb. 6.21: Eine Beschriftung für die Schaltfläche

Dann wechseln Sie auf die Registerkarte *Aktionen*.

Wählen Sie dort im Bereich *Aktion hinzufügen* im Listenfeld *Aktion auswählen* die Aktion *Webverknüpfung öffnen* und klicken Sie auf die Schaltfläche *Hinzufügen*.

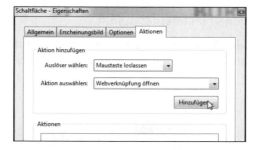

Abb. 6.22: Eine Webverknüpfung anlegen

Im folgenden Fenster tragen Sie in das Feld *URL für Verknüpfung eingeben* die Internetadresse ein, die aufgerufen werden soll.

Schließen Sie die Eingabe mit einem Klick auf *OK* ab. Wie Sie bemerken, wird die Aktion nun im Bereich *Aktionen* aufgelistet.

Abb. 6.23: Die Aktion ist fertig

Mit einem Klick auf die Schaltfläche *Schließen* verlassen Sie das Dialogfenster.

Sicher wollen Sie gleich einmal ausprobieren, ob es klappt. Klicken Sie deshalb in der Werkzeugleiste auf die Schaltfläche *Vorschau*.

Nun können Sie auf die Schaltfläche klicken.

Abb. 6.24: Die neue Schaltfläche im Vorschaumodus

Formular einscannen

Verfügen Sie noch über alte gedruckte Formulare, dann müssen Sie diese nicht unbedingt neu erstellen, sondern können sie mit einem Scanner einscannen. Acrobat führt dabei eine Umwandlung durch und in den allermeisten Fällen benötigen Sie nur noch ein wenig Nacharbeit und schon haben Sie eine elektronische Ausgabe Ihres Formulars.

Platzieren Sie zunächst die Vorlage auf Ihrem Scanner und schalten Sie diesen ein.

Dann rufen Sie im Bereich *Formulare* über die Schaltfläche *Erstellen* das Dialogfenster *Formular erstellen oder bearbeiten* auf und wählen die Option *Papierformular scannen*.

Abb. 6.25: Ein Papierformular einscannen

Acrobat wird im Regelfall Ihren Scanner erkannt haben. Andernfalls stellen Sie ihn im Feld *Scanner* des folgenden Dialogfensters *Acrobat Scan* ein.

In diesem Dialogfenster teilen Sie des Weiteren dem Programm mit, um was für ein Dokument es sich handelt. Sind Sie sich nicht sicher, dann wählen Sie *Autom. Farbmoduserkennung*. In diesem Fall analysiert Acrobat die Vorlage und wählt das geeignete Format aus.

Abb. 6.26: Die Eigenschaften des Dokuments angeben

Klicken Sie auf die betreffende Schaltfläche.

Augenblicklich beginnt die Datenübertragung und der Fortschritt wird Ihnen in einem kleinen Fenster anhand eines grünen Fortschrittsbalkens angezeigt.

Danach startet Acrobat die Optimierung und zeigt Ihnen wiederum den Fortschritt in einem kleinen Fenster an.

Ist dieser Vorgang abgeschlossen, werden Sie noch gefragt, ob Sie weitere Seiten des Dokuments einscannen möchten oder ob der Vorgang abgeschlossen ist.

Im ersten Fall gehen Sie wie eben beschrieben für die weiteren Seiten vor. Im letzten Fall belassen Sie die Option *Scanvorgang abgeschlossen* und bestätigen mit *OK*.

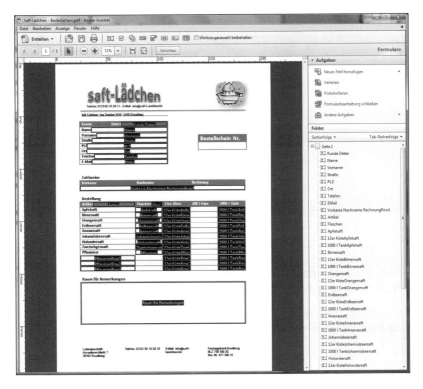

Abb. 6.27: Das fast fertige Formular

Acrobat blendet nun das neue Formular ein und weist Sie darauf hin, dass der Formularbearbeitungsmodus aktiviert ist.

Nachdem Sie das Formular abgespeichert haben, sollten Sie es einmal überprüfen. Da die Erkennung selten 100% beträgt, werden Sie jetzt gegebenenfalls noch kleinere Korrekturen vornehmen müssen.

Formular per E-Mail senden

Möchten Sie ein Formular per E-Mail versenden, dann klicken Sie zunächst auf die Schaltfläche *Freigeben*. Im Bereich *Dateien senden* wählen Sie dann die Option *An E-Mail anhängen*, wählen die anzuhängende Datei aus und schließen den Vorgang mit einem Klick auf *Anhängen* ab.

Abb. 6.28: Ein Formular per E-Mail versenden

Acrobat startet das vorgefundene E-Mail-Programm, welches das E-Mail-Formular bereitstellt, und fügt die PDF-Datei als Anlage bei.

Sie müssen nun lediglich noch Adressat, Betreff und gegebenenfalls eine kleine Nachricht einfügen und das Ganze auf die Reise schicken.

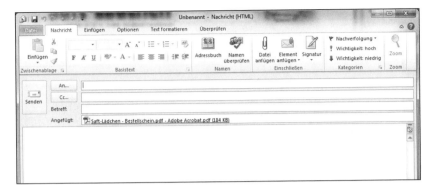

Abb. 6.29: Bereit zum Versand

Formulare ausfüllen

Wenn Sie ein Formular in Acrobat oder im Reader öffnen, erhalten Sie in der Dokumentmeldungsleiste einen entsprechenden Hinweis, wie man mit dem Formular zu verfahren hat.

Damit Sie die Felder erkennen, die man ausfüllen kann, ist es hilfreich, auf die Schaltfläche *Vorhandene Felder markieren* zu klicken. Diese werden anschließend farbig hervorgehoben (siehe Abbildung 6.30).

Danach klicken Sie in das erste Feld und geben die entsprechenden Daten ein. Mit einem Klick auf die ⇥-Taste gelangen Sie in das nächste Feld und können dort die Eingabe fortsetzen. Auf diese Weise füllen Sie das Formular mit den entsprechenden Angaben aus.

Sind Sie fertig, kommt es darauf an, ob Sie über Adobe Acrobat oder nur über den Adobe Reader verfügen.

Der Anwender kann im Adobe Reader das Formular am Bildschirm ausfüllen und es dann ausdrucken. Die eingegebenen Informationen können standardmäßig aber im Adobe Reader nicht gespeichert werden.

Dazu müssen Sie das Dokument anders abspeichern.

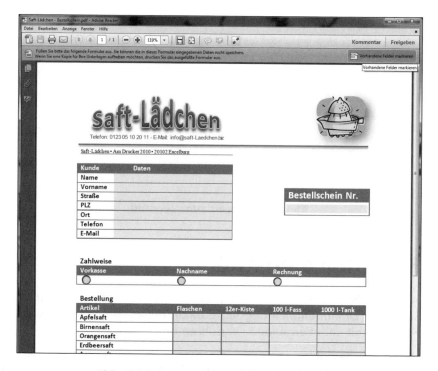

Abb. 6.30: Das Formular im Adobe Reader

Für diesen Fall rufen Sie die Menüfolge *Datei / Speichern unter / PDF mit erweiterten Reader-Funktionen / Ausfüllen von Formularen aktivieren und in Adobe Reader speichern* auf.

Wie Sie dann dem folgenden Hinweisfenster entnehmen können, ist das Speichern von Formularen (bei einem ausfüllbaren PDF-Formular) anschließend auch dann möglich, wenn es mit dem kostenlosen Adobe Reader geöffnet wird.

Bestätigen Sie diesen Hinweis mit einem Klick auf die Schaltfläche *Jetzt speichern*.

Sie erhalten wie üblich das Dialogfenster *Speichern unter*. Hier suchen Sie den Speicherort auf und klicken dann auf *Speichern*.

Verfügt der Ausfüller über Adobe Acrobat, dann können die eingetragenen Daten auch in eine separate Datei gespeichert werden.

Sind die Formularfelder ausgefüllt, dann klicken Sie im Bereich *Formulare* auf den Menüpunkt *Formulardaten verwalten* und wählen den Untermenüpunkt *Daten exportieren* aus.

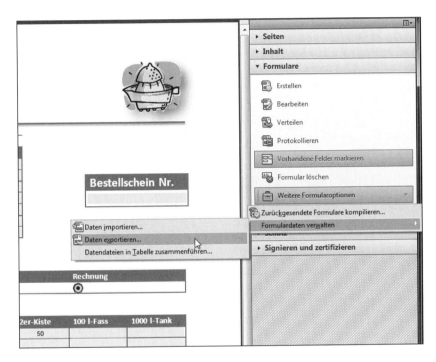

Abb. 6.31: Formulardaten exportieren

Im folgenden Dialogfenster vergeben Sie einen Dateinamen und legen den *Dateityp* fest.

Entscheiden Sie sich für das Format *.xml* bzw. *.txt*, dann kann diese Datei von einer Vielzahl an Programmen geöffnet und weiterverarbeitet werden. Eine solche Datei kann dann beispielsweise per E-Mail versandt werden.

TIPP

Wenn Sie sich ein wenig Arbeit sparen möchten, dann speichern Sie ständig wiederkehrende Informationen wie beispielsweise den Namen in eine entsprechende Datei ab und importieren diese dann, bevor Sie mit dem eigentlichen Ausfüllen des Formulars beginnen.

7 Nützliche Hilfsmittel

Ziele

⇨ Den Umgang mit PDF-Dateien sicherer machen

⇨ Problemlos Daten über das Internet austauschen

Schritte zum Erfolg

⇨ PDF-Dokumente mit einem Kennwort versehen

⇨ Die Urheberschaft durch eine Zertifizierung anzeigen

⇨ Adobe SendNow zum unkomplizierten Verteilen von Informationen nutzen

Mit Adobe Acrobat X Standard haben Sie ein mächtiges Werkzeug zur Hand, das Ihnen sehr viele Optionen bietet. Diese alle an dieser Stelle aufzuzählen, würde den Umfang des Buches bei Weitem sprengen. Im Folgenden lernen Sie ein paar elementare Hilfsmittel kennen, die den Umgang mit Programm und Dateien erleichtern.

Schutz

Einer der Vorteile von PDF-Dateien ist ihre Mobilität. Das wiederum macht sie aber auch anfällig für unerwünschte Zugriffe. Acrobat bietet allerdings einige Schutzmechanismen.

Sicherheitsinformationen

Um zunächst zu überprüfen, welche Sicherheiten eine PDF-Datei hat, können Sie sich deren *Sicherheitseigenschaften* anzeigen lassen. Dazu müssen Sie lediglich im Bereich *Werkzeuge* innerhalb der Kategorie *Schutz* auf die Schaltfläche *Erweiterter Schutz* klicken und dort im Menü den Eintrag *Sicherheitseigenschaften* auswählen.

Abb. 7.1: Die Sicherheitseigenschaften anzeigen lassen

Sie erhalten dadurch das Dialogfenster *Dokumenteigenschaften* und können nun der Registerkarte *Sicherheit* die gegenwärtigen Einstellungen (und somit die möglichen Einschränkungen) entnehmen.

Abb. 7.2: Dieses Dokument hat keinen Schutz

Schließen Sie es mit OK.

Kennwortschutz

Oft ist es sinnvoll, ein PDF-Dokument mit einem Kennwortschutz zu versehen, sodass es nur von den Eingeweihten geöffnet werden kann.

Dazu müssen Sie in der Kategorie *Schutz* auf die Schaltfläche *Verschlüsseln* klicken und dort den Menüeintrag *Verschlüsseln mit Kennwort* anwählen.

Abb. 7.3: Die Verschlüsselung festlegen

Daraufhin werden Sie in einem Hinweisfenster gefragt, ob Sie die Sicherheit für dieses Dokument wirklich ändern wollen.

Da das der Fall ist, klicken Sie auf *Ja*.

Im folgenden Dialogfenster können Sie zunächst im Listenfeld *Kompatibilität* die Verschlüsselungsstufe einstellen. Je höher Sie dabei die Acrobat-Version wählen, desto höher wird die Verschlüsselungsebene sein.

Im Bereich *Zu verschlüsselnde Dokumentkomponenten auswählen* belassen Sie es ruhig bei der Option *Gesamten Dokumentinhalt verschlüsseln*.

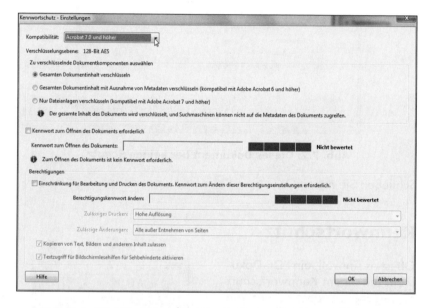

Abb. 7.4: Die Einstellungen für die Kennwort-Verschlüsselung

Wenn Sie ein *Kennwort zum Öffnen des Dokuments erforderlich* machen wollen, dann müssen Sie zunächst das entsprechende Kontrollkästchen aktivieren.

Danach können Sie das Kennwort zum Öffnen des Dokuments eingeben.

Achten Sie dabei auf die vier Balken hinter dem Eingabefeld. Sie signalisieren Ihnen die Kennwortsicherheit von *Gering* bis *Optimal*.

Abb. 7.5: Achten Sie auf die Sicherheit des Kennworts

 TIPP

Eine optimale Sicherheit erreichen Sie übrigens schneller, wenn Sie Sonderzeichen wie @, µ oder } einbauen.

Als Nächstes können Sie die Berechtigungen bei der Benutzung des Dokuments ändern.

Aktivieren Sie hier ebenfalls zunächst das Kontrollkästchen *Einschränkung für Bearbeitung und Drucken des Dokuments. Kennwort zum Ändern dieser Berechtigungseinstellungen erforderlich*.

Vergeben Sie im Feld *Berechtigungskennwort ändern* ein entsprechendes Kennwort, das sich von dem Kennwort zum Öffnen unterscheiden sollte. Danach können Sie regeln, wie und ob der Leser das Dokument ausdrucken darf. Treffen Sie dazu eine Wahl aus dem Listenfeld *Zulässiges Drucken*.

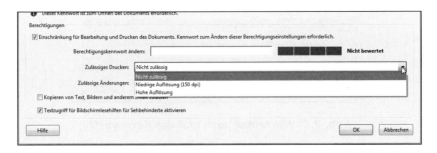

Abb. 7.6: Die Berechtigungen des Dokuments regeln

Im Menü des Listenfeldes *Zulässige Änderungen* können Sie danach festlegen, in welcher Weise das Dokument geändert werden darf.

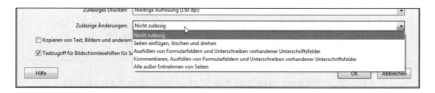

Abb. 7.7: Darf das Dokument geändert werden?

Schließlich legen Sie noch fest, ob Sie das Kopieren von Text, Bildern und anderen Inhalten zulassen, und aktivieren im positiven Fall das entsprechende Kontrollkästchen.

Haben Sie alles beisammen, dann klicken Sie auf *OK*.

Jetzt werden Sie gegebenenfalls aufgefordert, die entsprechenden Kennwörter zur Sicherheit noch einmal einzugeben.

Kommen Sie dem nach und bestätigen Sie mit *OK*.

Nachdem Sie das erledigt haben, erhalten Sie noch den relevanten Hinweis, dass die Sicherheitseinstellungen erst nach dem Speichern auf das Dokument angewandt werden.

Sind Sie dieser Aufforderung gefolgt und öffnen das Dokument erneut, sollten Sie jetzt ein Hinweisfenster erhalten, das Sie zur Eingabe des (richtigen) Kennworts auffordert.

Abb. 7.8: Wie lautet noch mal das Kennwort?

Signieren und zertifizieren

Da heutzutage PDF-Dateien, wie alle digitalen Dateien, leicht zu erstellen, zu vervielfältigen und zu ändern sind, ist nicht immer die Gewähr gegeben, dass man auch die Datei erhält, von der man glaubt, dass sie vom Absender stammt.

Möchten Sie sicher sein, dass Ihre Urheberschaft an einem Dokument gewahrt bleibt, sollten Sie es mit einer zertifizierten Unterschrift versehen.

Eine solche Zertifizierung kann auf zweierlei Weise erfolgen: Sie erzeugen selbst eine digitale ID oder Sie verwenden ID-Dateien, die von einer autorisierten Stelle (kostenpflichtig) erstellt werden.

Möchten Sie eine eigene digitale ID erstellen, dann wählen Sie die Schaltfläche *Dokument signieren*, die Sie in der Kategorie *Signieren und zertifizieren* des Fensters *Werkzeuge* finden.

Abb. 7.9: Ein Dokument signieren

Der Cursor nimmt die Form eines Fadenkreuzes an. Bewegen Sie dieses an die Stelle, an der Sie die Unterschrift einfügen wollen, und ziehen Sie einen Rahmen auf.

Sie erhalten das Dialogfenster *Digitale ID hinzufügen*. Wählen Sie hier die Option *Neue digitale ID, die ich jetzt erstellen möchte* (siehe Abbildung 7.6).

Bestätigen Sie diese Wahl mit einem Klick auf die Schaltfläche *Weiter*.

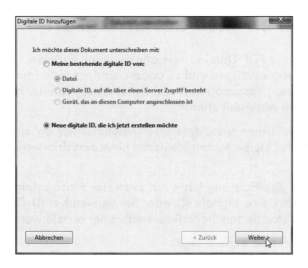

Abb. 7.10: Eine digitale ID hinzufügen

Im folgenden Dialogfenster müssen Sie entscheiden, wo Ihre digitale ID gespeichert werden soll. Praktischer ist die zweite Lösung *Windows-Zertifikatspeicher*, da Ihnen danach die ID auch in anderen Windows-Anwendungen zur Verfügung steht und durch die Windows-Anmeldung geschützt ist.

Nachdem Sie diese Option mit *Weiter* ausgewählt haben, nehmen Sie die Eingabe der gewünschten Identitätsdaten vor (siehe Abbildung 7.11).

Mit einem Klick auf *Fertig stellen* schließen Sie den Vorgang ab.

Gegebenenfalls erhalten Sie an dieser Stelle eine Kompatibilitätswarnung, wenn Sie Zeichen verwendet haben, die mit Versionen vor der Version 6.0 nicht kompatibel sind. Möchten Sie eine volle Kompatibilität auch mit diesen älteren Versionen erhalten, dann müssen Sie für diese Attribute die ASCII-Entsprechungen verwenden.

Möchten Sie das berücksichtigen, so klicken Sie auf *Ja* und nehmen im folgenden Dialogfenster die Eintragungen in den Feldern der Spalte *ASCII* vor (siehe Abbildung 7.12).

Abb. 7.11: Die Identitätsdaten eingeben

Abb. 7.12: Die digitale Signatur mit ASCII-Entsprechungen

Wenn Sie jetzt auf die Schaltfläche *Fertig stellen* klicken, erscheint das Dialogfenster *Dokument unterschreiben*.

Dieses Dialogfenster erhalten Sie auch, wenn Sie zu einem späteren Zeitpunkt ein Dokument unterschreiben wollen und auf die bereits vorhandene ID zugreifen. Dazu verwenden Sie dann das Werkzeug *Signatur platzieren*.

Hier können Sie gegebenenfalls aus mehreren Unterschriftsvarianten im Feld *Unterschreiben als* auswählen und über das Listenfeld *Erscheinungsbild* selbiges festlegen.

Abb. 7.13: Bereit zum Unterschreiben

Mit einem Klick auf die Schaltfläche *Unterschreiben* wird die Unterschrift an der gewünschten Stelle eingefügt.

Abb. 7.14: Die Unterschrift im Text

Möchten Sie die Unterschrift einmal prüfen, dann klicken Sie einfach doppelt darauf. Im folgenden Fenster können Sie dann den *Unterschriftsvalidierungsstatus* entnehmen.

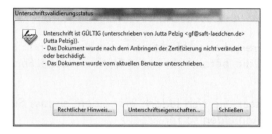

Abb. 7.15: Diese Datei ist unberührt

SendNow online

Jeder, der schon einmal elektronisch Dateien verschickt hat, kennt die recht aufwendige Prozedur. Und oft weiß man nicht, ob die Informationen auch ihr Ziel erreicht haben.

Mit *SendNow online* lassen sich ohne Aufwand kleine oder große Dateien verschicken. Sie müssen lediglich Ihr Dokument hochladen, den Rest erledigt Adobe für Sie. Dabei wird die Datei auf dem Adobe Server gespeichert und dem Empfänger automatisch zum Download bereitgestellt. Der Upload wird mit Angabe des Zeitpunkts aufgezeichnet und Sie haben so die Gewissheit, dass die Dateien angekommen sind. Nach dem Upload der Daten können Sie einen Hyperlink schnell und unkompliziert an den oder die Empfänger per E-Mail verschicken. Wenn diese dann die E-Mail-Benachrichtigung öffnen, müssen sie lediglich auf den Link klicken und können dann das Dokument herunterladen.

Um eine Dateifreigabe mit SendNow online zu erstellen, klicken Sie auf die entsprechende Schaltfläche im Startfenster oder rufen die Menüfolge *Datei / Dateifreigabe mit SendNow online* auf.

Abb. 7.16: Die Dateifreigabe starten

Das Fenster *Freigeben* wird aktiviert und Sie finden in der Kategorie *Datei senden* die bereits aktivierte Option *Adobe SendNow online verwenden* vor.

Zunächst müssen Sie sich jedoch anmelden, sodass Sie einen Klick auf den Link *Anmelden* setzen.

Abb. 7.17: Zu dem Webdienst muss man sich erst anmelden

Sie erhalten die Anmeldeangaben. Geben Sie Ihre *E-Mail-Adresse* bzw. Ihre *Adobe-ID* und Ihr *Kennwort* ein.

Verfügen Sie noch über keine Adobe-ID, müssen Sie sich zunächst eine solche besorgen. In diesem Fall klicken Sie auf den Hyperlink *Registrieren* (siehe Abbildung 7.18).

Sie erhalten nun den Hinweis, dass es zwei Varianten von Adobe SendNow online gibt. Variante 1, die kostenlose Kontoregistrierung, ermöglicht einen Dateiversand von maximal 100 MB und 100 Downloads pro Datei. Zudem wird die Datei nach sieben Tagen entfernt.

Möchten Sie weitere Funktionen, dann können Sie diese kostenpflichtig mit der Variante 2 erwerben. In diesem Fall entfallen die Grenzen und Sie können sogar eine Dateinachverfolgung einrichten und erhalten Benachrichtigungen über den Download.

Abb. 7.18: Die Registrierung starten

In unserem Fall genügt die erste Option und Sie müssen auf die Schaltfläche *Registrieren* klicken, um die Angaben für das kostenlose Konto zu tätigen. In dem folgenden Fenster geben Sie Ihre *E-Mail-Adresse*, die zugleich Ihre *Adobe-ID* wird, ein *Kennwort* nebst *Bestätigung*, Ihren *Vor- und Nachnamen*, Ihr *Geburtsdatum* und Ihr *Land* ein.

Mit einem erneuten Klick auf *Registrieren* geht es weiter.

Sie erhalten nun noch eine Bestätigungs-E-Mail, auf die Sie antworten müssen. Und schon können Sie Adobe SendNow verwenden.

Zunächst wählen Sie im Feld *Beliebiges Dateiformat auswählen* die gewünschte Datei aus.

Dann fügen Sie in das Feld *An* die Adresse des Empfängers ein und in das Feld *Betreff* einen entsprechenden Hinweis. Und wenn Sie mögen, können Sie noch eine kurze *Nachricht* hinzufügen (siehe Abbildung 7.19).

Ist alles erledigt, klicken Sie auf die Schaltfläche *Link senden*.

In einem kleinen Hinweisfenster erhalten Sie nun die Meldung, dass die Datei mit Adobe SendNow online gerade gesendet wird. Zugleich wird Ihnen der Fortschritt der Aktion in einem kleinen Laufbalken angezeigt.

Abb. 7.19: Den Versand vorbereiten

Ist der Upload erledigt, dann erhalten Sie den Hinweis *Abgeschlossen*. Zugleich teilt man Ihnen mit, dass den Empfängern ein Link zugestellt wurde.

Möchten Sie diesen einmal austesten, dann klicken Sie auf den Link *Gesendete Datei anzeigen und nachverfolgen*.

Abb. 7.20: Der Upload hat geklappt

Ihr Browser wird gestartet und Sie können direkt auf Ihren Adobe-SendNow-Bereich sehen.

Abb. 7.21: Das Fenster SendNow im Browser

Abb. 7.22: Der Empfänger erhält eine E-Mail

Nützliche Hilfsmittel

Wenn Sie möchten, können Sie einen Downloadversuch zum Testen unternehmen oder die Datei gegebenenfalls auch löschen.

Der Empfänger der Information erhält von Adobe eine entsprechende E-Mail mit einem Link zum Herunterladen.

Index